애매한 걸 정리해주는 사전

애매한 걸
정리해주는
사전

미묘한 차이를
아는 것이
실력이다

한근태 지음

클라우드나인

개정증보판 서문

애매모호한 말 대신 명료한 말을 주고받자

난 언제 가장 기쁘고 짜릿할까? 언제 눈이 번쩍 뜨일까? 남다른 생각을 할 때, 기막힌 생각 혹은 아이디어가 떠올랐을 때, 새로운 깨달음을 얻었을 때, 기존의 내 생각이 틀렸다는 사실을 발견했을 때, 비슷하다고 생각했는데 그게 아니란 사실을 알았을 때, 어렵다고 생각했던 문제를 풀었을 때, 고객의 고민을 듣고 나도 모르게 기막힌 조언을 해줬을 때 등이다. 거기에 공통점이 있다. 대부분 중심에 말이 있다. 언어가 있다. 촌철살인의 언어가 있다.

나는 태생적으로 애매모호한 걸 싫어하고 명확하고 명료한 걸 좋아한다. 길고 장황하고 지루하게 말하는 걸 견디지 못하고 짧지만 강력한 말을 좋아한다. 하나 마나 한 얘기, 너도 알고 나도 알고 네이버에 늘 떠 있는 뻔한 얘기를 주고받는 걸 힘들어하고 그런 사람은 가능한 만나지 않으려 한다. 한번은 보지만 두 번 다시는 보지 않는다. 그래서 직장생활이 힘들었다. 내가 만난 상사들은 대부분 지루하고 뻔한 얘기를 늘어놓았는데 할 수 없이 그 자리를 지켜야 했기 때문이다. 밖에 나와보니 그게 내 상사만이 아니었다. 외부의 높은 사람 중 말 못 하는 사람이 정말 많았다. 그렇게 영향력이 큰 사람이 하는 말에 아무 감흥도 느낌도 없었다. 정말 중요한 얘기를 정말 뻔하고 지루하게 전달했다. 예를 들어 이런 식이다. "급변하는 세상에서 살아남기 위해서는 변해야 합니다. 변화만이 살길입니다. 허리띠를 졸라매고 뼈를 깎는 아픔을 견뎌야 합니다. 회사는 지금 풍전등화의 위기에 처해 있습니다. 원가절감에 힘써야 합니다. 우리 모두 주인정신을 가져야 합니다. 위기는 기회입니다. 어쩌구 저쩌구……."

도대체 이런 식으로 얘기하는 것이 전달된다고 생각하는 것일까? 그래도 직원들 눈을 보면서 직접 얘기하는 건 좀 낫다. 꽤 많은 사람은 누군가 써준 원고를 보면서 읽는다. 난 정말 그 사람도 그런 상황도 이해할 수 없다. 도대체 저런 수준의 사람이 어떻게 경영자가 될 수 있는가? 수많은 사람을 모아놓고 저 정도 수준의 얘기밖에 못 하는가? 자기 생각이 있기는 한 사람인가? 자기 생각을 전달할 능력은 있는 사람인가? 그래도 경영자는 좀 나은 편이다. 정치인은 더 답답하고 한심하다. 별 얘기도 아닌 걸 늘 무언가 보면서 얘기하는 사람뿐이다. 그나마 아무런 메시지도, 감흥도, 느낌도 없다. 하나 마나 한 얘기를 잔뜩 늘어놓는다. 그야말로 아무 말 대잔치다. 내가 텔레비전 뉴스를 보지 않는 이유다.

만약 내가 저 위치에 있다면 무슨 얘기를 어떻게 할까? 오랜 시간 그런 생각을 많이 했다. 기업강연을 하면서도 이 생각은 변하지 않았다. 그래서 가장 먼저 파워포인트를 없앴다. 파워포인트는 소통의 도구가 아닌 장애물로 생각했다. 언어에 대해 생각하기 시작했다. 내가 생각하는 말은 생각이다. 생각이 겉으로 드러난 것이 말이다. 내 생각이 명확하면 말도 명확하고 내 생각이 혼란하면 말을 더듬는다. 내가 흥분하면 말이 떨리는 것도 이 때문이다. 생각은 무엇일까? 심리학자 장 피아제Jean William Fritz Piaget는 생각을 리프레젠테이션representation으로 재정의했다. 다시 떠올린다는 말이다. 자신이 들었던 것, 본 것, 알고 있는 것, 경험한 것이 잠재의식 속에 있다 어느 순간 떠오르는 것이 생각이란 것이다. 난 이걸 문득聞得으로 번역했다. 들었던 것이 어느 순간 떠오른다는 말이다. 생각을 잘하기 위해서는 좋은 인풋과 아웃풋이 필수다. 좋은 인풋의 핵심은 독서이고 아웃풋은 말하기와 글쓰기로 나타난다. 대충 내가 생각하는 좋은 생각을 위한 사이클이다.

그런데 그 중심축에 있는 게 언어다. 그냥 언어가 아니고 함축적이고 밀도가 높은 언어다. 대표는 재정의다. 이게 가장 중요하다. 내가 자주 쓰는 말이 정확하게 어떤 의미인지를 명확하게 해야 한다. 대부분은 여기서 실패한다. 자기가 쓰는 말을 습관적으로 쓴다. 정확하게 그게 어떤 의미인지 물으면 답을 못한다. 다음은 모호한 말, 비슷비슷한 말의 차이를 묻는 것이다. 그래서 쓴 책이 『애매한 걸 정리해주는 사전』이다. 제법 반응이 있었다. 부산에서는 이 책을 교재로 매일 하나씩 복습하고 곱씹는 모임까지 만들어졌다.

대부분의 책은 한번 써낸 후에는 관심이 확 줄어든다. 그런데 『재정의』와 『애매한 걸 정리해주는 사전』은 달랐다. 계속해서 관련한 생각이 떠오르거나 어디선가 새로운 걸 보거나 새로운 생각이 떠오르면 메모를 계속했고 이 책은 그 결과물이다. 『애매한 걸 정리해주는 사전』의 증보판이다. 기존의 책에 새로 꽤 많은 걸 추가했다.

　몇 가지만 살펴보자. 후회와 참회다. 둘은 같을까, 다를까? 완전 다르다. 후회는 반성이 아니다. 후회 안에는 아직 '자신이 잘 났다.' '내가 나은데.'라는 교만이 숨어 있다. 잘난 내가 왜 그랬을까 생각하는 게 후회다. 후회는 추진력이 약하다. 후회가 변화와 발전으로 이어질 수는 없다. 기존의 자신을 버리지 않았기 때문이다. 참회는 다르다. 참회는 진정한 반성이다. 지금 내가 이런 꼴로 이렇게 사는 건 당연한 결과라고 생각한다. 철저하게 다시 태어나야만 한다고 생각한다. 그런 면에서 모든 변화의 출발은 후회가 아닌 참회다.

　도전하고 리스크를 감수하라는 말에 대해서도 시비를 걸고 싶다. 말은 그럴듯하지만 위험하다. 지인 중 몇몇은 젊은 시절 사업에 도전했다 파산했다. 이후 해외로 도망가 사는데 평생을 한국에 못 들어오고 있다. 친한 친구 중 그런 친구가 있다. 이혼까지 한 후 외국에서 쓸쓸하게 여생을 보내고 있는 것이다. 한 번의 실수였지만 대가가 너무 컸다. 함부로 리스크를 감수할 문제가 아니다. 난 리스크 감수 대신 리스크 관리를 하라고 말하고 싶다. 여기서 관리의 재정의는 '최악의 경우 본전을 잃어도 먹고살 수는 있는 범위에서 리스크를 지라는 것'이다. 재산의 일정부분은 안전자산에 투자하고 나머지를 위험자산에 투자하라는 것이다. 최악의 경우 그 부분만 날리면 된다. 현실은 완전 다르다. 본전은 물론 남의 빚까지 얻어 영끌투자가 유행이다. 그러다 투자가 잘못되면 어떻게 할 것인가? 불쌍한 영혼이 될 수밖에 없다.

　20년 이상 책 소개를 하면서 나도 모르게 생각의 인풋이 늘어났다. 책도 40권 이상 썼으니 아웃풋도 제법 한 셈이다. 그러면서 생각의 근육이 강해지는 걸 느낀다. 짧지만 임팩 있는 말을 하게 된다. 이 책을 통해 여러분도 나와 같은 경험을 해보길 바란다. 모호한 말 대신 명료한 언어를 주고받으면서 대화의 즐거움을 느끼길 바란다.

2022년 5월
한근태

서문

애매모호한 머릿속을 명료하게 정리해보자

태생적으로 애매모호한 걸 싫어하고 명확하고 명료한 걸 좋아한다. 조금이라도 미심쩍으면 이해할 수 없고 이해하지 못하면 다음 과정으로 넘어가지 못한다. 그래서 스스로 남들에 비해 이해력이 떨어진다는 생각을 오랫동안 했다. 나는 이해를 못 하는데 옆 사람이 고개를 끄덕이는 것을 볼 때 자신이 초라하다는 생각도 했다. 아직도 난 이해력이 부족하다. 특히 드라마나 영화의 스토리를 잘 이해하지 못한다. 그래서 보는 중간 아내나 딸들에게 물어보다 자주 편잔을 듣는다. 확실하지 않으면 찝찝하기 때문에 본의 아니게 자꾸 되묻거나, 추가 질문을 하거나, 사전을 찾아보거나, 스스로 이해 안 되는 부분에 대해 생각하는 습관을 갖고 있다. 그러다 뭔가 새로운 걸 깨닫거나 애매한 것이 명료해지면 그렇게 기쁠 수 없다.

예전 〈개그콘서트〉의 '애정남' 코너를 아주 좋아했다. '애매한 것을 정리해주는 남자'의 줄인 말이다. 세상에는 애매한 것들이 많은데 이를 골라 명쾌하게 정리해주는 것이다. 지금도 기억나는 것이 뚱뚱한 것과 통통한 것의 차이다. 통통한 건 '서 있을 때는 괜찮은데 앉아 있을 때 배가 나오는 것'이고 뚱뚱한 건 '서 있을 때도 배가 나오는 것'이다. 기막힌 구분이다. 〈라디오스타〉라는 예능 프로를 보면서도 비슷한 경험을 했다. 유호정의 남편인 탤런트 이재룡이 게스트로 나와 사람들과 수다를 떨다 문득 "반성문과 각서의 차이를 알고 있는가?"란 질문을 던졌다. 유난히 술을 좋아하는 그가 늘 반성문과 각서를 써서 그런 것 같다. 사람들이 몇 가지 답변을 했는데 그가 다음처럼 깔끔하게 정리했다. "반성문은 스스로 만든 창작물이고 각서는 불러주는 대로 쓰는 것이다." 다들 뒤집어졌다. 나 또한 빵 터졌다. 어떻게 저렇게 재치 있게 말을 할 수 있을까?

오랫동안 컨설팅을 했다. 내가 생각하는 컨설팅의 본질은 고객의 머릿속을 명료하게 정리해주는 것이다. 나를 만나는 고객은 내게 수많은 얘기를 늘어놓는다. 자신의 꿈과 비전, 문제점, 골치 아픈 사람들 얘기, 자신이 살아온 얘기까지……. 대부분 정리정돈이 되지 않았다. 그냥 자기 안에 있는 하고 싶은 모든 얘기를 쏟아낸다. 난 그냥 듣지 않고 되묻거나 그게 무슨 말인지 추가 질문을 많이 한다. 그 말의 정확한 의미를 묻는다. 그리고 중간중간 당신이 하고 싶은 얘기가 이게 맞느냐고 확인한다. 집중해서 들은 내용을 논리적으로 잘 요약해야만 할 수 있는 일이다. 내가 듣는 최고의 찬사는 "머릿속 정리가 끝난 것 같습니다. 무엇이 문제인지, 앞으로 무엇을 해야 할지 명쾌해졌습니다."란 말이다. 명료함의 힘이다.

난 명료함을 사랑하고 애매모호함을 싫어한다. 습관적으로 무슨 말을 들으면 가장 먼저 그 말의 정확한 의미를 생각한다. 그래서 쓴 책이 『재정의』였다. 그 말에 대한 정확한 재정의가 모든 일의 출발이다. 그다음은 비슷한 것 같지만 다른 단어의 차이를 구분하는 일이다. 이 책은 그런 언어의 차이를 다루었다. 세상에는 비슷하지만 다른 단어가 차고도 넘친다. 맛보기로 세 가지 케이스를 물어보고 싶다. 한 번 차이를 생각해보라.

첫째, 참석과 참여의 차이다. 이 둘은 어떻게 다를까? 영어로는 어텐던스Attendance와 파티시페이션Participation이다. 그 자리에 몸이 가는 건 참석이고 마음이 가는 건 참여다. 참석은 강요할 수 있지만 참여는 강요할 수 없다. 회의에 참석해보면 참석은 했지만 참여를 하지 않는 사람이 많다. 참석보다 중요한 건 참여다.

둘째, 토론과 토의의 차이다. 토론은 특정 어젠다에 대해 반대인지 아닌지 얘기를 나누고 결론을 내는 것이다. 토의는 거기에 대한 자기 의견을 얘기하는 것이다. 토론은 영어로 디베이트Debate다. 나누어 겨루다는 뜻이다. 전쟁의 배틀Battle과 어원이 같다. 토의는 영어로 디스커션Discussion인데 떨어져서 흔들리게 한다는 뜻이다. 결론보다는 다양한 얘기를 한다는 의미다. 또 다른 말로 아규Argue가 있다. 그리스 신화에 나오는 눈이 1,000개 있는 신에서 유래됐다. 사전에 예상되는 모든 문제점을 얘기해 실수를 줄이는 행위다. 비슷한 것 같지만 다르다. 회의 전에 토론인지, 토의인지를 얘기하면 편하다.

셋째, 걱정과 고민의 차이다. 걱정은 이미 생긴 문제에 대해 생각하는 것이고 고민은 장차 일어날 일에 대해 생각하는 것이다. 걱정은 할수록 몸이 상하고 고민은 할수록 지혜로워진다. 걱정을 하면 나도 모르게 힘이 든다는 말이 나온다. 고민할 때는 힘들지 않다. 이 궁리 저 궁리를 하기 때문에 오히려 에너지가 생긴다.

언어란 무엇일까? 내가 생각하는 언어의 가장 중요한 역할은 사고다. 생각을 하는 것이다. 그래서 그 사람이 말하고 사용하는 언어를 보면 어떤 사람인지 알 수 있다. 그 사람이 무슨 생각을 하는지 알 수 있다. 애매모호한 말을 많이 한다는 건 그 사람 생각이 모호하거나 생각이 정리되지 않았기 때문이다. 때로는 자신이 빠져나갈 구멍을 위해 일부러 그랬을 수도 있다. 이 책이 리더들의 커뮤니케이션에 도움이 되길 바란다. 애매함에서 명료함으로 가는 도우미가 되었으면 하는 바람이다.

2020년 11월
한근태

차례

개정증보판 서문	5
서문	10

ㄱ

가르치다, 훈련하다, 교육하다	25
가르칠 수 없는 것과 가르칠 수 있는 것	26
가치 지향적과 목표 지향적	28
각인과 코드	29
간섭과 조언	30
감옥과 수도원의 공통점	31
감사와 축하	32
감수와 관리	33
감초와 에스프레소	34
강연자와 연기자	35
강의와 토론	36
개발과 계발	37
개방성과 폐쇄성	38
개와 늑대	40
개성과 인격	42
개선, 개혁, 혁명	43
개인주의와 이기주의	44
객관적 믿음과 주관적 믿음	45
객관적 성공과 주관적 성공	46
걱정과 고민	47
격리와 칩거	48
결과지향과 과정지향	49
결정과 결단	50
겸청즉명과 편청즉암	51
경멸과 증오	52
경계 안에 사는 사람, 경계 밖에 사는 사람, 경계선에 사는 사람	53
경보와 인생의 공통점	54
경주마와 야생마	55
계획, 계기, 기획, 실행	56
고독과 고립	58
고독과 사교	59
고집과 소신	60
곡과 읍	61
공감과 동감	62
공격형과 수비형	63
공부를 잘하는 것과 일을 잘하는 것	64

공통어와 공용어	66	꿈과 목표	93
공평과 공정	68		
과학과 미신	69	**ㄴ, ㄷ**	
관광과 여행	70	나가는 것과 물러나는 것	97
관리와 리더십	71	낙천과 낙관	98
관심과 간섭	72	내적 목표와 외적 목표	99
권력과 권위	73	네이션과 스테이트	100
교포와 동포	75	노겸과 생색	101
교환가치와 사용가치	76	노는 것과 놀아주는 것	102
군자와 소인	77	노동과 오락	104
귀납과 연역	78	노예와 주인	105
규정할 수 있는 일과 규정할 수 없는	79	농사과 농업	106
균형과 조화	80	높은 자리에 있는 것과 일 잘하는 것	107
극복의 문제와 관리의 문제	81	뇌물과 선물	109
근육과 뱃살	82	뇌와 매트리스의 공통점	110
근절과 절제	83	누드와 나체	112
금리와 환율	84	능력과 폭력	113
기계 가동률과 사람 가동률	85	다리와 터널	114
기록과 기억	87	단어와 문장	115
기본과 본질	88	단언적과 담론적	116
기술적 과제와 적응적 과제	89	도덕과 윤리	117
기억과 망각	91	도와 덕	119

독초와 약초	120
돈 문제와 돈 걱정	121
동정, 공감, 연민	122
득의양양과 득의담담	123
똑똑한 것과 지혜로운 것	124
뜨는 것과 나는 것	125

ㄹ, ㅁ

로고스, 에토스, 파토스	129
리스크와 해저드	130
마사지와 스트레칭	131
마취와 마비	132
마케팅과 영업	133
만남과 마주침	134
망각과 기억	136
매직과 상식	137
멀티플라이어와 디미니셔	138
멋이 나는 것과 멋을 내는 것	139
메시지와 메신저	140
면역 억제제와 감염 예방제	141
명성과실과 명불허전	142
명성과 평판	143
모션과 액션	144
목적과 수단	145
목표와 목적	147
몰입과 매몰	148
무엇을 할 것인가와 무엇이 될 것인가	149
문제 해결과 문제 정의	151
문화와 분위기	152
미션 중심과 과정 중심	153
민첩함과 성급함	155
믿음과 사실	156

ㅂ, ㅅ

반대말	159
발전과 파괴	169
밥벌이와 돈벌이	170
배우는 것과 가르치는 것	171
배움과 깨우침	173
버는 것과 쓰는 것	174
벌너러블과 위크니스	176
벤치마킹과 퓨처마킹	178
보균자와 면역자	179
봉변과 능변	180
복잡한 것과 난해한 것	181

부지런함과 바쁨	182	선택지를 만드는 사람과	203
부패와 발효	183	선택지를 고르는 사람	
부화와 계란프라이	184	설명과 설득	204
불만과 욕심	185	성격과 인성	206
불안과 두려움	186	성과목표와 학습목표	207
불위와 불능	187	성급함과 인내	208
비관과 낙관	188	성숙과 성장	210
비와 애	189	성실과 근면	212
비판, 비난, 비방	190	소선대악 대선비정	213
빠른 것과 민첩한 것	191	소속감과 적응	215
사과와 감사	192	소심과 세심	216
사는 것과 생존하는 것	193	소탐대실과 대탐소실	217
사다리와 정글짐	194	소통과 소문	218
사랑과 연민	195	소통의 언어와 과시의 언어	219
사실과 의견	196	솔직과 정직	221
상관관계와 인과관계	197	수업과 교육	222
상의하달과 하의상달	198	순수와 순진	223
상처와 성장	199	순응과 적응	224
새로운 것을 좇는 것과 새로워지는 것	200	습득과 학습	225
생각과 마음	201	시력, 시야, 시각	226
생큐, 그래티튜드, 어프리시에이트, 인뎃	202	시키는 일을 잘하는 것과 새로운 일을 잘하는 것	227
		신속한 것과 성급한 것	228

신중함과 우유부단함	229	억울한 것과 분한 것	255
실마리와 힌트	230	엄마와 어머니	256
실업과 실직	231	업 오어 아웃	257
실패와 실수	232	엔지니어와 과학자	259
심문과 신문	233	역지사지와 일체화	260
		연줄과 꽌시	262

ㅇ

		열등감과 우월감	263
아는 것, 깨닫는 것, 모르는 것, 설명하는 것	237	열정과 열망	264
		염증과 짜증	265
아마추어와 프로	239	영업과 마케팅	266
아부와 직언	240	예술과 과학	267
악착과 억척	242	예언과 유언비어	269
안락과 쾌락	243	오만과 편견	270
안 해본 것과 못하는 것	244	오만함과 자신감	271
암송과 암기	245	완전연소와 불완전연소	272
애국심과 민족주의	246	외로움과 그리움	274
애완견과 반려견	247	외향성과 내향성	275
애정과 집착	248	욕망과 소망	276
야합, 오합, 단합	249	욕망과 절제	277
양과 돼지	250	우울증과 화풀이	278
양신과 충신	251	운동, 독서, 글쓰기	279
양심과 악의 공통점	252	운동에너지와 위치에너지	281
양적 성장과 질적 성장	253	원조와 장인	282

위기와 불안	283
위대한 사람, 평범한 사람, 편협한 사람	284
위선과 위악	285
위임과 방임	287
유명, 악명, 저명	288
유명무실과 명실상부	289
유효한계와 안전한계	290
이미와 비록	291
이상한 소비와 소비 트렌드	292
이성과 경험	293
이어달리기와 함께 달리기	294
이타심과 이기심	295
인색과 검약	296
인질과 자원봉사자	297
일과 놀이	298
일관성과 변덕	299
일자리와 일거리	300
임무와 업무	301
입신양명과 명철보신	302
읽는 것과 먹는 것	303

ㅈ, ㅊ

자기애와 자기도취	307
자기 인식과 타인 인식	308
자긍심과 자만심	309
자기착취와 타자착취을	310
자만, 오만, 교만	312
자만심과 자긍심	314
자발성과 무기력	315
자발적 신뢰와 강요된 신뢰	316
자서전과 평론	317
자유, 질서, 평등	318
자존심과 자존감	319
잔소리와 가르침	321
잘난 척하는 것과 잘난 것	323
잘사는 것과 잘하는 것	324
장사와 사업	325
장애와 기회	326
재능과 강점	327
재벌과 도둑놈	329
적극적 저축과 소극적 저축	331
적선과 대부	332
적재적소와 과재적소	333
전쟁과 외교	334

절약과 궁상	335	질문, 암기, 자기주장	362
접대와 대접	336	질투와 시기	364
정적과 적막	337	집념과 집착	365
정치꾼과 정치인	338	집단주의와 관계중심주의	366
정해진 일과 정하는 일	339	짜깁기와 편집	367
정화원정과 서양원정	340	차별할 것과 차별하지 말아야 할 것	368
져주는 것과 끌려가는 것	341		
조각과 소조	342	차이와 차별	369
조건부 사랑과 무조건적 사랑	343	책임과 리스판서빌러티	371
		체념과 감수	372
존중과 존경	344	체지방과 근육	374
종교와 샤머니즘	345	최선과 최대	375
좋아하는 것과 잘하는 것	346	추상적 지식과 실천적 지식	376
좌절과 체념	348	추월과 초월	377
좌파와 우파	349	축적, 누적, 퇴적	378
지식과 정보	350	출세와 성공	379
지식과 지혜	351	충만과 행복	380
지양과 지향	354	친절과 겸손	381
직과 업	355	칭찬과 아첨	382
직선과 곡선	356		
직장인과 직업인	358	**ㅋ, ㅌ, ㅍ**	
진짜 지식과 가짜 지식	359	커피와 차	385
질량과 무게	361	케이스 스터디와 시체부검	387

코미디언과 유머리스트	388	피로와 피곤	413
콘텐츠와 컨테이너	389	피와 혁	414
키우는 것과 자라는 것	390	필요와 욕망	415
타인의 생각과 내 생각	391	필요조건과 충분조건	416
태만, 아둔, 무능, 속임수	393		
텍스트와 콘텍스트	394	**ㅎ**	
토론과 토의	395	한가함과 무료함	419
통합, 융합, 통섭	396	한창과 한참	420
투기와 투자	397	합리적과 합리화	421
투표로 할 것과 하지 말아야 할 것	398	합창과 제창	422
		해결과 해소	423
트래블, 트립, 보이지, 저니	400	해야 한다와 하고 싶다	424
파는 일과 사게 하는 일	401	행복과 불행	426
팩트와 맥락	402	행운과 세렌디피티	428
편안과 평안	403	현명과 미련	429
편집증과 분열증	405	현자, 강자, 부자	430
평균과 보통	406	협동과 협업	432
평등과 공평	407	호평과 혹평	433
평범한 사람과 비범한 사람	408	화가 나는 것과 화를 내는 것	434
포모와 조모	409	확신, 의문, 의심	435
포텐셜과 프로스펙티브	410	황제 망치기와 아이 망치기	437
프리덤과 리버티	411	회계와 주가	438
플로우와 스톡	412	회자와 구설수	439

후행지표와 선행지표 **440**
후회와 참회 **441**
희망퇴직과 명예퇴직 **442**
힘내와 힘 빼 **443**
힘든 것과 괴로운 것 **444**

가르치다, 훈련하다, 교육하다

가르치다Teaching는 있는 사실, 아는 사실을 가르쳐주는 것을 의미한다. 자전거 타는 법, 젓갈 담그는 법을 가르치는 것이다.

훈련하다Training는 반복 훈련으로 몸에 배게 하는 것이다. 매를 훈련하는 것, 똥개를 훈련하는 것이다. 이해보다는 반복을 통해 원하는 행동을 하게끔 하는 것이다.

교육하다Educating는 배우게 하는 것, 안에 있는 것을 끄집어내는 것, 하나를 가르쳐 열을 알게 하는 것이다.

가르치다: _____
훈련하다: _____
교육하다: _____

가르칠 수 없는 것과 가르칠 수 있는 것

안다, 모른다, 가르칠 수 있다, 가르칠 수 없다를 갖고 네 가지 매트릭스를 만들 수 있다. 아는 것을 가르치는 것, 아는 것을 가르칠 수 없는 것, 모르는 것을 가르치는 것, 모르는 것을 가르칠 수 없는 것이 그것이다. 최악은 모르면서 가르치는 것이다. 자기도 모르면서 그걸 가르친다. 소경이 길 안내를 하는 격이다. 바보가 자신이 바보인지 모르면서 계몽하려 한다. 최선은 아는 걸 가르치는 것이다. 모르는 걸 가르치지 않는 건 당연하다. 자신도 모르기 때문에 누구에게 뭔가를 강요하지도 않고 가르치려 하지도 않는다. 못 배운 부모가 자식에게 감 놔라 배 놔라 하지 않고 자식을 믿는 것이 여기에 해당한다.

문제는 아는데 가르칠 수 없는 것이다. 난 아는데 그걸 꼭 꼬집어 가르칠 수 없는 것이다. 뜻밖에 많다. 남에게 베푸는 것의 기쁨과 소중함, 배우는 기쁨, 운동한 후의 상쾌함, 컨디션 조절의 중요함, 마음의 평화를 유지하는 법, 자녀와 좋은 관계를 유지하는 법 같은 것이 그렇다. 알긴 알겠는데 누군가에게 설명하기 어렵다. 정말 소중한 건 말로 설명하기 어렵다. 그래서 나온 말이 불언지교不言之敎다. 말을 하지 않지만 가르친다는 말이다. 최선의 가르침이다. 최악은 말은 하지만 전혀 씨알이 먹히지 않는 것이다.

가르칠 수 없는 것:＿＿＿＿＿＿＿＿＿＿＿＿＿＿＿＿＿＿
가르칠 수 있는 것:＿＿＿＿＿＿＿＿＿＿＿＿＿＿＿＿＿＿

가치 지향적과 목표 지향적

사장이 되는 길 목표로 삼는 사람은 많다. 그런데 사장이 되어서 이러이러한 일을 하고 싶다거나 이런 사장이 되겠다고 말하는 사람은 별로 없다. 그런 사람은 사장이 되는 순간 목표를 상실한다. 좋은 사장이 될 가능성도 낮아 보인다. 어떤 목표를 갖기 전에 어떤 가치를 갖는지를 질문해야 한다. 그게 잘 사는 길이다.

가치와 목표는 다르다. 가치는 가고자 하는 방향이기 때문에 끝이 없지만 목표는 원하는 결과를 얻으면 끝이다. 가치 지향적인 사람은 멈추지 않고 성장할 수 있지만 목표 지향적인 사람은 목표가 이루어지면 방향을 잃기 쉽다. 가치 중심적 사람은 과정을 보지만 목표 지향적인 사람은 결과만 본다.

당신은 어떤 사람인가?

가치 지향적: _____

목표 지향적: _____

각인과 코드

스위스 식품 제조기업 네슬레는 처음 일본에 진출하면서 커피에 대한 일본인의 감정을 조사했다. 커피에 대해 어떤 추억과 감정을 가졌는지를 알아본 것이다. 아무 감정이 없다는 것이 결론이었다. 각인imprint이 전혀 이루어지지 않은 것이다. 그들은 인스턴트커피를 파는 대신 커피 향을 첨가한 어린이용 과자를 만들었다. 어린이에게 커피에 대해 긍정적 각인을 심은 것이다. 그 결과 연간 판매가 5억 파운드에 이르게 되었다.

각인과 코드code의 관계는 자물쇠와 비밀번호의 관계와 같다. 코드를 찾아내면 '사람들이 왜 저렇게 행동하는지' 그 이유를 알 수 있다. 클로테르 라파이유Clotaire Rapaille의 저서 『컬처코드: 세상의 모든 인간과 비즈니스를 여는 열쇠』에 나오는 내용이다.

각인: _____

코드: _____

간섭과 조언

간섭은 내가 원하지 않는데 내 일에 관여하는 것이다. 보통 나이 든 사람, 높은 자리에 있는 사람이 딴에는 위한다고 하는 말이지만 듣는 사람 입장에선 짜증 나는 일이다. 겉으로 내색은 안 하지만 내심 '됐거든요. 너나 잘하세요.'라고 생각한다. 조언은 능동적으로 어떤 일이 생겼을 때 어떻게 하면 좋을지 의견을 구하는 것이다. 밑바닥에는 그 사람에 대한 존경과 믿음이 깔려 있다.

쓸데없는 간섭이나 충고는 대인관계를 해치는 최선最先의 방법이다. 하지만 그 사람이 원할 때의 적절한 조언은 그 사람의 인생을 바꿀 수 있다. 누구나 간섭보다는 조언하고 싶어한다. 전제조건이 있다. 하나는 그럴 만한 자격을 갖추는 것이고 또 다른 하나는 그가 원할 때까지 참는 것이다.

간섭: _____
조언: _____

감옥과 수도원의 공통점

"감옥이라도 감사를 하면 수도원이 될 수 있다. 또한 수도원도 감사하지 않으면 감옥이 될 수 있다."

일본에서 경영의 신으로 추앙받는 기업인 마쓰시타 고노스케松下幸之助가 한 말이다. 감옥과 수도원의 공통점은 세상과 고립되어 있다는 점이다. 그러나 차이가 있다면 불평을 하느냐, 감사를 하느냐이다.

감옥: _____
수도원: _____

감사와 축하

감사感謝는 감동을 말로 표현한다 정도로 해석할 수 있다. 뭔가 신세를 지거나 좋은 일이 있을 때 말로 드러내라는 것이다. 속으로만 감사하면 안 된다는 것이다.

축하祝賀는 빌 축祝과 하례할 하賀다. 빌 축은 상대가 잘 되길 마음으로 비는 것이고 하賀는 더할 가加에 돈을 뜻하는 조개 패貝이니 말로만 하지 말고 돈을 더하라는 말이다. 그래서 결혼식 때 오는 손님을 축객이 아닌 하객이라고 한다. 돈을 내야 진정한 하객이다.

감사: _____

축하: _____

감수와 관리

리스크는 감수해야 할까, 관리해야 할까? 난 감수 대신 관리를 택하고 싶다. 관리는 '최악의 경우에 본전은 잃어도 먹고살 수는 있는 것'이다. 재산의 90퍼센트는 안전자산에 투자하고 나머지 10퍼센트를 위험자산에 투자하는 것이다.

감수: _____
관리: _____

감초와 에스프레소

일을 잘한다는 건 사람들과 잘 섞여 도움이 되는 사람이 된다는 말이다. 그런데 섞인다는 건 어떤 의미일까? 잘 섞여서 시너지를 내는 것에는 어떤 것이 있을까?

감초와 에스프레소가 대표적이다. 이들은 혼자보다는 함께 섞여 가치를 만든다. 감초는 쓴 한약을 부드럽게 만들기 때문에 대부분의 한약재에 들어간다. 에스프레소에 뜨거운 물을 부으면 아메리카노, 우유 거품과 계피가루를 넣으면 카푸치노, 스팀밀크를 더하면 카페라테가 된다. 잘 섞이고 빠지지 않고 들어가는 건 공통점이지만 다른 점도 있다. 감초는 자신은 조연이고 에스프레소는 자신이 중심이다.

감초: _____

에스프레소: _____

강연자와 연기자

 기업 교육 담당자와 기업 컨설팅 업체 사람들은 강사에 대한 정보를 수시로 주고받는다. 당연히 일반인들이 모르는 정보를 많이 알고 있다. 그들 설명에 의하면 강사 중 연기자가 제법 된다는 것이다.

 종교인이면서 유명 강사인 모씨가 대표적이다. 늘 어려운 사람들 편에 서고 온갖 위로가 되는 달콤한 얘기를 하지만 시간당 200만 원의 강사료가 적다며 강의를 거절했단다. 담당자는 이후 그 사람의 강연은 물론 글도 읽지 않는단다. 난 그 얘기를 듣고 섬찟했다. 그들은 나에 대해 어떻게 평가할까? 나도 그런 사람인 건 아닐까? 난 강연자일까, 연기자일까? 말하는 대로 살아야 할 텐데 그게 잘될지 걱정이다. 세상 사는 일이 만만치 않다.

강연자:
연기자:

강의와 토론

수업 준비의 주체가 다르다. 강의는 교수가 준비하고 토론은 학생이 준비한다. 수업은 준비 없이 들을 수 있지만 토론은 준비가 없으면 참여가 불가능하다. 수업은 남의 얘기를 듣기만 하면 되기에 생각이 없어도 들을 수 있지만 토론은 자기 생각을 얘기해야 하기에 생각하지 않으면 할 수 없다. 강의는 자발성이 없어도 되지만 토론은 자발성이 없으면 불가능하다.

어느 것이 효과적인 학습법일까?

강의: _____

토론: _____

개발과 계발

　개발開發은 펼치는 것이고 계발啓發은 깨우치는 것이다. 연구한 것을 상업화하는 것, 신도시를 개발하는 것, 숨어 있는 재능을 개발하는 것 등에 개발이란 단어를 사용한다.

　계발啓發은 집 호戶, 칠 복攵, 입 구口의 합이다. 입과 매로 문을 연다는 뜻이다. 우매한 사람을 깨우친다는 것이다. 계몽과 계도 등에 계啓를 쓰는 이유다.

개발: _____

계발: _____

개방성과 폐쇄성

관행적으로 타사 차를 회사 안에 못 들어오게 하는 자동차 회사가 제법 있었다. 미국의 GM, 포드, 크라이슬러가 그렇고 우리나라도 일부 자동차 회사가 예전에 그렇게 했다. 내가 다니던 회사도 그랬는데 지금은 아니라고 들었다. 또 직원과 직원 가족에게 자사 차를 살 때 과도한 혜택을 주다 보니 타사 차를 사거나 몰아볼 기회도 별로 없고 그게 미국 차의 경쟁력을 떨어뜨렸다는 주장도 있다. 그래도 자동차는 워낙 덩치도 크고 눈에 띄기 때문에 이해가 된다. 그런데 2017년 3월 29일 신문에 난 기사를 보면 모 타이어 회사도 비슷한 행동을 했다는 것이다. 자사 타이어를 부착하지 않은 차는 공장에 들어올 수 없도록 했다는 것이다. 난 내 눈을 의심했다. 아니, 그 회사가 뭐 그리 대단하다고 차에 붙는 타이어까지 간섭하는가. 차에 별 관심이 없는 난 솔직히 내 차 타이어 종류도 잘 모른다.

이런 식의 발상이라면 삼성전자에 들어오는 방문객은 엘지전자 스마트폰을 가지면 안 된다. 속옷 만드는 회사를 방문할 때는 자신의 속옷이 그 회사 브랜드인지 확인한 후에 비로소 들어갈 수 있다.

그런 생각을 한 사람도 신기하고 그런 걸 승인한 경영진도 참 신기한 사람들이다. 사람이 어디까지 옹졸해질 수 있는지를 보여주는 좋은 사례다.

개방성: _____
폐쇄성: _____

개와 늑대

레바논 태생의 미국 경영학자이자 위기분석 전문가인 나심 니콜라스 탈레브Nassim Nicholas Taleb가 쓴 책 『스킨 인 더 게임』에 다음 얘기가 있다.

"고대 아시리아에 개와 늑대에 관한 이야기다. 이런 내용이다. 개가 굶주린 늑대에게 자신이 누리고 있는 안락함과 풍요를 자랑한다. 늑대는 처음에는 부러워하지만 개 목걸이를 보고 이렇게 말하며 도망친다. '개 목걸이에 묶여서 그렇게 많은 음식을 먹느니 차라리 아무것도 먹지 않겠어.' 여러분은 개가 되고 싶은가? 아니면 늑대가 되고 싶은가?"

늑대는 자유를 선택하지만 나중에는 사자에게 잡아먹히는 걸로 얘기는 종결된다. 자유는 리스크를 수반한다. 자유를 위해서는 책임을 져야 한다. 자유는 결코 자유롭게 얻을 수 있는 게 아니다. 개의 삶은 즐겁고 안락할 것 같지만 주인에게 버림받는 순간 생존 여부를 장담할 수 없다. 사람들은 대부분 개를 키울 때 어리고 귀여운 강아지를 선택한다. 다 자란 개를 입양하는 경우는 드물다.

회사원도 다양하다. 개지만 늑대로 착각하는 사람도 있다. 하지만 실제 늑대인 사람도 있는데 회사 내 평판이나 인기에 연연하지 않는다. 과감하게 리스크를 감수하고 도전했다. 고분고분하지 않았지만 성과를 많이 냈다. 당신은 어떤가?

개: _____

늑대: _____

개성과 인격

개성personality은 페르소나persona가 어원이다. 가면이다. 상황에 따라 달라진다. 인격character은 다르다. 상황이 변해도 바뀌지 않는다.

개성: _____

인격: _____

개선, 개혁, 혁명

개선改善은 기본은 놔두고 조금씩 고쳐나가는 것이고 개혁改革은 기본부터 확 뜯어고치는 것이다. 자기己를 매攵로 쳐서 낫게 만든다는 뜻의 고칠 개改가 들어 있다.

개혁은 보이지 않는 적과 싸워야 한다. 혁명은 적이 분명하다. 당연히 개혁이 어렵다. 다이어트는 혁명일까, 개혁일까? 만약 혁명이라면 우리의 적은 누구일까? 개혁이라면 보이지 않는 적은 어디에서 찾아야 할까?

개선의 영어는 임프루브Improve이다. 서서히 고친다는 것이다. 개혁의 영어는 리폼Reform이다. 폼을 다시 만드는 것이 개혁이다. 모양까지 확 바꾸는 것이 개혁이다. 겉만 바꾸는 건 개혁이 아니다.

개선: _____

개혁: _____

혁명: _____

개인주의와 이기주의

개인주의는 나와 남을 같이 인정하는 것이다. 이기주의는 다른 사람을 인정하지 않고 자신만 인정하는 것이다. 개인주의의 영어는 인디비주얼리즘Individualism이다. 더 이상 자를 수 없는 존재를 인정하는 것이다. 나와 함께 타자를 인정하는 것이다. 둘로 나누어질 수 없는 모든 개인을 인정한다는 것, 그것을 제대로 인식하면 별문제가 없다. 이기주의는Egoism는 나Ego만 인정하고 나 이외의 존재는 인정하지 않는 것이다. 나 이외에는 안중에 없다. 개인주의는 개인을 중시하는 입장이고 이기주의는 나만을 중시하는 입장이다.

개인주의는 모든 개인을 중요하게 생각한다. 이 세상에 사는 모든 사람의 가치, 존엄, 권리를 소중히 한다. 개인주의가 발달하면 타인에 대한 배려와 타자 수용성이 향상되므로 공동체의 조화를 이룰 수 있다.

개인주의: _____

이기주의: _____

객관적 믿음과 주관적 믿음

객관적인 믿음은 빌리프belief이다. 주관적인 믿음은 페이스faith이다. 맡기는 것은 트러스트trust이다.

객관적 믿음: _____
주관적 믿음: _____

객관적 성공과 주관적 성공

객관적 성공은 부와 권력을 얻는 것, 주관적 성공은 사랑하는 사람으로부터 사랑을 받는 것이다. 그런데 어느 게 힘들까? 주관적 성공이 더 힘들다는 게 내 생각이다.

객관적 성공: _____
주관적 성공: _____

걱정과 고민

1.

걱정은 이미 생긴 문제에 대해 생각하는 것이고 고민은 장차 일어날 일에 대해 생각하는 것이다. 걱정은 할수록 몸이 상하고 고민은 할수록 지혜로워진다.

2.

걱정은 문제해결을 위한 대안보다는 "어떡하지?"만을 외치는 것이다. 고민은 문제의 원인을 찾고 해결할 방법을 찾는 것이다. 걱정인지 고민인지 어떻게 구분할 수 있을까? "걱정은 힘이 들고 고민은 힘이 들지 않는다. 걱정하면 나도 모르게 힘이 든다는 말이 나온다. 고민할 때는 이 궁리 저 궁리를 하기 때문에 오히려 에너지가 생긴다."

KG그룹의 곽재선 회장이 한 말이다.

걱정: _____

고민: _____

격리와 칩거

격리는 둘 이상 사물을 떼어놓고 왕래를 끊는다는 말이다. 강제성과 폭력성이 느껴진다. 격리는 공포를 낳고 공포는 혐오를 낳는다. 그리고 혐오는 자연스레 차별과 폭력으로 이어진다. 칩거는 동면하는 동물처럼 일정 시간 조용한 한곳에 머무는 것이다.

언론인 진세근이 중앙선데이 「漢字, 세상을 말하다」에서 한 말이다.

격리: _____
칩거: _____

결과지향과 과정지향

"이게 내가 잘해서일까? 아니면 전임자가 한 결과물 덕분일까? 아니면 시장이 좋아져서 그런 것일까?"

수익이 많이 난 경우 던져야 할 질문이다. 복합적일 가능성이 크다. 일할 때도 비슷한 질문을 던져야 한다. 돈 때문에 일을 하는 것일까, 내가 좋아서 하는 것일까, 복합적인 이유일까? 난 둘 다 중요하다고 생각한다. 하지만 내 경우는 과정에 조금 더 높은 비중을 둔다. 결과보다는 과정이 더 중요하다. 과정이 재미있고 보람 있으면 결과는 별로 중요하지 않다. 거기에 돈까지 생기면 금상첨화지만 돈이 안 생기고 내가 설혹 돈을 써도 기분이 좋다. 반면 과정은 정말 괴롭지만 결과 때문에 해야 하는 경우도 있다. 한 번은 해보지만 다시는 반복하지 않으려 한다.

당신은 어디에 속하는가?

결과지향: _____

과정지향: _____

결정과 결단

　지식과 경험과 전문성을 바탕으로 내리는 건 결정이고 그 결정을 바탕으로 불확실성에 도전하는 건 결단이다. 실무자가 하는 건 결정이고 실무자 의견을 기초로 최종적인 결심을 하는 건 결단이다. 리더는 리스크를 무릅쓰고 결단하는 사람이다. 결단에 대해 책임을 지는 사람이다. 결단해야 할 때 결단하지 않으면 결딴나는 수 있다.

결정: _____
결단: _____

겸청즉명과 편청즉암

겸청즉명兼聽則明 편청즉암偏聽則暗은 여러 사람의 의견을 들으면 밝게 볼 수 있으나 한쪽 의견만 들으면 바로 보지 못한다는 말이다. 두루 들으면 지혜로워지고 듣고 싶은 얘기만 들으면 옹졸해진다.

겸청즉명: _____
편청즉암: _____

경멸과 증오

경멸과 증오는 대상이 다르다. 경멸은 자신보다 못한 존재에게 느끼는 감정이다. 증오는 자신과 대등하거나 우월하다고 인정하는 상대에 한한다. 경멸하면 증오하지 않는다.

경멸: _____

증오: _____

경계 안에 사는 사람, 경계 밖에 사는 사람, 경계선에 사는 사람

진화는 경계 영역을 넓히는 것이다. 물에 살다 뭍으로 올라오고, 뭍에서 나무로 올라가고, 땅밑으로 들어가고, 때론 하늘을 난다. 어떤 사람은 계속 같은 일을 하며 산다. 어떤 사람은 계속 직업을 바꾸며 산다. 또 다른 사람은 경계와 경계 사이에 산다. 난 어디에 속할까?

경계 안에 사는 사람: _____
경계 밖에 사는 사람: _____
경계선에 사는 사람: _____

경보와 인생의 공통점

경보에서 가장 힘든 건 뛰고 싶은 욕구를 참는 것이다. 경보 선수는 뛰는 순간 실격이니까. 과정을 생략하고 결론에 바로 도달하고 싶은 조급함을 참는 것. 경보와 인생의 닮은 점이다.

남들은 뛰어가고 날아가는데 나만 제자리걸음 같을 때, 내가 참가한 경기의 규칙은 조금 다르다고 말할 수 있다면 충분히 용감한 사람이 아닐까? 모두가 육상선수나 마라토너처럼 뛰어야 하는 건 아니다. 내게 맞는 보폭과 걸음으로 가도 된다.

정희재의 『아무것도 하지 않을 권리』에 나오는 내용이다.

경보: _____

인생: _____

경주마와 야생마

경주마는 앞만 보고 달린다. 다른 곳은 절대 보지 않고 오로지 골인 지점만을 보고 달린다. 야생마는 다르다. 생존을 위해 두리번거리고 긴장을 늦추지 않는다. 어디로 가야 할지, 어디를 가면 안 되는지, 피한다면 어디로 피할지를 끊임없이 생각하며 때로는 전력 질주하고 때로는 천천히 달린다.

경주마는 달리기 위해 생각을 멈춘다. 생각이 많은 것이 달리는 데 별 도움이 되지 않기 때문이다. 야생마는 생각하기 위해 달리기를 멈춘다. 무조건 달리는 것이 능사가 아니기 때문이다. 어떻게 살아야 할까? 때로는 경주마처럼 때로는 야생마처럼 살아야 하는 것이 아닐까?

경주마: _____
야생마: _____

계획, 계기, 기획, 실행

1.

계획은 앞으로 할 일을 미리 정해놓아 정리하는 행위 또는 내용을 뜻하는 한자어다. 그런데 인생은 계획대로 되지 않는다. 뜻한 대로 흘러가지 않는다. 진리 중 진리다. 계획보다는 우연한 사건 혹은 계기를 통해 그쪽으로 변화하게 된다. 공학박사인 내가 이런 일을 하는 것도 사실은 회사를 나온 후 리더십 센터란 곳에서 일하게 된 것이 계기였다. 새로운 기회에 눈을 뜬 덕분이다.

김난도 교수는 "인생은 계획이 아닌 계기다."라고 말했다. 서울대학교 법대를 나온 그가 이런 일을 하게 된 건 어느 날 서울대 소비자학과에서 소비자 행태를 전공한 사람을 뽑는 것이 계기가 된 것이다. 계획도 중요하지만 뜻하지 않게 나타나는 기회나 계기에 주목해야 하는 이유다. 지금은 별거 아닌 걸로 보이지만 별거 아닌 그 사건이 인생을 바꿀 수도 있다. 작은 사건과 사소한 인연을 중요시해야 하는 이유다.

2.

계획은 짠 판 위에서 어떻게 할 것인지 로드맵을 그리는 것이고 기획은 새롭게 판을 짜는 것이다. 기획이 계획보다 더 큰 개념이다. 포괄적 의미를 갖고 있다.

3.

"나는 작전을 세울 때 세상에 둘도 없는 겁쟁이가 된다. 상상할 수 있는 모든 위험과 최악의 경우를 상정한다. 그리고 실행할 때는 전광석화처럼 한다."

나폴레옹Napoléon이 한 말이다. 계획은 주도면밀周到綿密하되 실행은 전광석화電光石火처럼 해야 한다.

계획: _____
계기: _____
기획: _____
실행: _____

고독과 고립

고독과 고립은 혼자 있다는 공통점 외에는 물성이 완전히 다르다. 고독은 자발적 외로움이다. 성장을 위해 의도적으로 혼자만의 시간을 갖는 것이다. 사람은 혼자 있을 때 성장할 수 있다. 혼자 있을 때 책도 읽고 생각도 하고 글도 쓸 수 있다. 고립 후의 사람은 피폐해지지만 고독 후의 사람은 빛이 난다. 고독은 우리를 금강석으로 변화시킨다. 고립은 원하지 않는 외로움이다. 혼자 있고 싶지 않지만 혼자 있을 수밖에 없는 상태다. 자꾸 어딘가를 기웃거리게 된다. 끊임없이 뭔가를 바라고 갈망한다.

"고독은 옆구리께로 스쳐 지나가는 시장기 같은 것이고 고립은 수인처럼 갇혀 있는 것이다. 고독은 때론 사람을 맑고 투명하게 하지만 고립은 출구가 없는 단절이다."

법정 스님의 말이다.

고독: _____

고립: _____

고독과 사교

　고독과 사교는 반대말 같지만 사실 둘은 쌍둥이 같은 존재다. 고독할 수 있어야 사교할 수 있다. 고독할 수 없으면 사교도 할 수 없다. 혼자 잘 지낼 수 있는 사람만이 진정으로 다른 사람과 잘 지낼 수 있다. 그런데 혼자 지내지 못하는 사람이 제법 많다. 그들은 늘 누군가와 부대끼고 치대야 한다. 의존적이다. 당연히 사람을 피곤하게 한다.

　"세상 사람들과 어울릴 때는 세상 의견을 좇아 살기 십상이고 혼자 살면 자기 생각에 빠져 살기 쉽다. 진정으로 위대한 사람은 많은 사람과 어울려 살면서도 혼자만의 독립성을 완벽하고 즐겁게 유지하는 사람이다."

　랠프 월도 에머슨Ralph Waldo Emerson이 한 말이다.

고독: _____

사교: _____

고집과 소신

고집과 소신의 차이는 무엇일까? 남이 주장하면 고집이고 내가 주장하면 소신? 결과가 좋으면 소신이고 결과가 나쁘면 고집이라 단순화하기도 한다. 고집은 자신의 자존심에 초점을 맞춘 것이고 소신은 분명한 원칙과 논리에 바탕을 둔 것이다. 똥고집을 부리는 사람과 일하는 것은 고통스럽다. 똥고집은 뚜렷한 근거 없이 자기주장을 굽히지 않는 것이다. 왜 그런 주장을 하는지 설명할 수 없이 그저 우기는 것이다.

"사업 현장에서의 고집과 소신의 차이는 그다음에 불통不通이라는 단어를 붙여보면 쉽게 판가름난다. 즉 고집불통이라는 말은 있어도 소신불통이라는 말은 없다." 이우종 전 엘지전자 사장의 말이다.

고집: _____
소신: _____

곡과 읍

곡소리 난다는 말을 많이 한다. 준비하지 않으면 소리 내 울 수밖에 없다는 말이다. 소리 내 우는 건 곡哭이고 소리 없이 우는 건 읍泣이다.

곡: _____

읍: _____

공감과 동감

공감은 상대의 말을 듣고 존중하는 것이다. 그가 슬퍼할 때 슬퍼하고 기뻐할 때 기뻐하는 것이다. 남의 감정을 내 감정으로 치환하는 것이다. 입장을 바꿔 생각하는 것이다. 동감은 다르다. 동감은 상대와 같은 생각을 하는 것이다. 공감은 그와 의견은 다르지만 그 사람의 처지를 이해하는 것이다. 공감의 반대는 마비다. 느끼는 능력이 사라진 것이다.

공감과 동감을 헷갈리면 안 된다. 자기 얘기를 듣고 고개를 끄덕이는 건 공감하는 것이다. 그의 생각을 이해한다고 생각하면 된다. 하지만 공감한다고 반드시 동감하는 건 아니다.

공감: _____

동감: _____

공격형과 수비형

뭔가 일을 할 때 이니셔티브Initiative를 취하는가, 아니면 다른 사람이 한 일을 따라가는가? 변화를 주도하는가, 아니면 변화에 적응하는가? 성향에 따라 둘 중 하나를 고르면 된다. 츠타야 서점의 창업자 마스다 무네아키Masda Muneaki 사장은 주도형인 것 같다. 그의 주장이다.

"변화에 대응만 하면 회사는 무너진다. 변화를 만들어낼 수 있어야 한다. 주체성이 없는 집단은 변화에 뒤처진다. 고객이 기뻐할 기술이나 서비스를 기획하고 실현할 수 있어야 한다."

공격이 최선의 수비란 말이다. 그래도 수비라도 할 수 있으면 다행이다. 지금 어떤 일이 일어나는지, 자기 골대로 상대가 볼을 넣는 것을 보고도 상황 파악이 안 되는 사람이 있는 것 같아 안타깝다.

공격형: _____

수비형: _____

공부를 잘하는 것과 일을 잘하는 것

　공부를 잘한다는 건 어떤 의미일까? 성실하다, 기억력이 좋다, 선생님 말씀을 잘 듣는다, 웬만하면 정해진 틀에서 벗어나지 않는다는 정도의 의미일 것이다. 공부를 못한다는 건 그 반대로 생각하면 된다.

　일을 잘한다는 건 어떤 의미일까? 하는 일에 대한 나름의 재정의를 할 줄 아는 것, 스스로 동기부여되어 있는 것, 일의 우선순위를 알고 있는 것, 자기가 할 일과 다른 사람이 할 일을 구분하는 것, 효과적으로 커뮤니케이션할 수 있는 능력, 자기를 표현할 줄 알고 사람 마음을 움직일 줄 아는 것이 연상된다.

　겹치는 부분도 있지만 다른 부분도 많다. 공부 잘하는 사람이 일 잘할 확률은 당연히 높다. 그런데 공부를 잘한다고 꼭 일을 잘하는 건 아니다. 좋은 학교를 나온 사람 중 정말 일 못하는 사람도 많다. 전문가라고 일을 잘하는 것도 아니다. 기업에 있는 의사나 변호사 중에도 일 못하는 사람이 제법 있다. 어떻게 저 머리로 의사를 하고 변호사를 할 수 있을까에 대해 의심하게 만드는 사람도 만난 적이 있다. 좋은 학교 나온 사람이 범하는 가장 잦은 실수는 자신을 우수 인재로 착각하는 것이다. 그런데 그건 정말 아니다. 엘지화학 유진녕 전 사장의 표현대로 좋은 학교를 나온 사람은 '성적 우수자'일 뿐 그 이상도 그 이하도 아닌 경우가 흔하다.

공부를 잘하는 것: _____
일을 잘하는 것: _____

공통어와 공용어

공통어Common Language는 국가 통합과 소통 수단으로 인정한 언어로서 서로 다른 언어를 사용하는 사람들끼리 소통을 원활하게 하기 위해 사용하는 말이다. 공용어Official Language는 다르다. 국가가 관공서와 학교 등 공공기관에서 사용하도록 지정한 언어다. 모든 공적 업무에서 사용한다. 우리의 경우는 공용어가 곧 국어이며 공통어다. 그렇지 않은 나라도 많다.

인도는 여러 개의 공용어를 사용한다. 19세기 초 아일랜드 사람들은 아일랜드어를 사용했고 영어 사용은 드물었다. 그런데 영국의 지배가 오래되면서 역전이 된다. 영어가 모어가 된 것이다. 오히려 아일랜드 말을 쓰는 사람이 드물어졌다. 20세기 민족주의 열풍으로 아일랜드어를 되살리자는 운동을 벌였지만 실패했다. 현재 3퍼센트 정도만 아일랜드 말을 쓴다. 현재의 오키나와인 옛날 류큐국도 그렇다. 이들의 말 대신 일어를 사용하면서 사라진 말이 됐다.

한글은 어땠을까? 세종 때 만들어지긴 했어도 큰 관심이 없었다. 한글이 주목을 받은 건 오히려 일제강점기에 이르러서다. 일본어에 밀려 우리말을 더 이상 사용할 수 없게 되자 한글은 민족주의의 상징으로 급부상했고 보편적 문자가 되었다. 원나라와 청나라 지배층은 한족이 아니다. 자신들의 언어가 따로 있었다. 그럼에도 이들은 자신들의 언어를 유포하는 대신 말은 알아서 하고 문자는 한자를 그대로 사용했다. 드문 케이스다. 로버트 파우저Robert J. Fouser의 『외국어 전파담: 외국어는 어디에서 어디로, 누구에게 어떻게 전해졌는가』에 나오는 말이다.

공통어: _____

공용어: _____

공평과 공정

모 병원이 어린이집을 만들었다. 여러분 같으면 여기 들어가는 사람을 어떤 방식으로 정할 것인가? 공평한 방법과 공정한 방법 두 가지가 있다.

공평한 방법은 뽑기를 통해 당락을 결정하는 것이다. 심플하다. 복불복이다. 다른 하나는 그 사람의 여건을 반영하는 것이다. 오래 근무하고 조직 기여도가 높고 부부가 다 이 병원에 다니는 사람에게 가점을 주는 것이다. 가장 편하고 말이 나오지 않는 방법은 뽑기로 정하는 것이다. 정하는 사람은 좋지만 이 방법에 불만을 품은 사람이 많다. 공평하지만 공정하지 않기 때문이다.

진정한 공정함은 사람을 차별하는 것이다. 오래 다니고 기여도가 높고 부부가 같이 다니는 사람에게 우선권을 주는 것이다. 모든 사람을 공평하게 대하는 것이 가장 불공정한 행위다. 성과나 역량에 따라 차별을 두는 것이 진정한 공정이다.

공평: _____

공정: _____

과학과 미신

사람을 파악하는 방법의 하나는 서양에서는 MBTI와 DISC를 해본다. 동양에서는 사주명리를 해본다. 점치는 기술이 아니다. 그런데 많은 사람이 종교적 이유로 거부한다.

내가 생각을 하는 기준점은 그것에 대한 지식이다. 알면 과학이고 모르면 미신이다. 풍수지리도 그렇다. 땅에는 수맥과 기맥이 있는데 침실이나 장사는 가능한 좋은 기운이 흐르는 기맥에 자리를 잡으면 좋단다. 증거의 하나로 집에서 키우는 개가 자는 곳은 대부분 기맥이란다. 까치가 집을 짓는 곳도 그렇단다. 귀가 얇은 난 이를 믿는다. 더 공부하고 싶어진다.

미신이란 무엇일까? 혹시 자신의 게으름과 무지를 미신이란 이름으로 보호하고 있지는 않는가?

과학: _____
미신: _____

관광과 여행

요즘 사람들에게 뭐가 제일 하고 싶으냐고 질문하면 대부분 여행을 하고 싶다고 말한다. 그런데 과연 그럴까? 그들이 원하는 건 엄밀한 의미에서 여행이 아니라 관광이다. 여행과 관광은 다르다. 만나는 대상이 다르다. 여행은 사람을 만나는 것이고 관광은 경치를 만나는 것이다. 관광의 영어가 사이트시잉Sightseeing이란 것을 봐도 알 수 있다. 난 제대로 된 여행은 해본 적이 없다. 그동안 내가 여행이라고 생각했던 대부분은 관광이었다. 아마 죽을 때까지 여행을 해보기는 쉽지 않을 것 같다.

관광: _____
여행: _____

관리와 리더십

내가 생각하는 리더십은 사람의 마음을 움직여 조직의 목표를 달성하는 것이다. 마음만 움직여도 안 되고 목표만 달성해도 안 된다. 보통 사람은 목표만을 강조하고 직원을 채근한다. 그 사람의 마음 따윈 염두에 두지 않는다. 단기적으로는 뭔가 되는 것 같아도 오래갈 수 없다.

최선의 방법은 그 사람으로 하여금 그 일을 하고 싶게 만드는 것이다. 최악은 그 일이라면 진절머리가 나게 하는 것이다. 그것에 관해 리더십의 권위자 워렌 베니스Warren Bennis는 이렇게 설명하고 있는데 호소력이 있다. 그가 한 말이다.

"관리란 사람들로 하여금 해야 할 일을 하게 만드는 것이다. 리더십이란 사람들로 하여금 해야 할 일을 하고 싶게 만드는 것이다. 관리자는 사람들을 밀어붙인다. 리더는 끌어준다. 관리자는 명령한다. 리더는 커뮤니케이션을 한다."

관리: _____

리더십: _____

관심과 간섭

관계는 관심에서 시작된다. 그런데 관심이란 뭘까? 지나친 관심이 간섭이 되는 건 아닐까? 관심과 간섭의 경계선은 어디 일까?

관심關心은 마음 문을 여는 빗장이고 간섭干涉은 방패를 넘는다는 의미다. 그에게 관심을 보이는 것과 경계선을 넘는 건 다르다. 내가 생각하는 둘의 경계선은 당사자가 결정한다. 당사자 입장에서 관심이면 감사할 것이고 간섭이면 싫어할 것이다. 그가 뭔가를 요청하면 거기에 응하고 요청하지 않으면 가만히 있는 것이 내 기준이다. 쓸데없이 도와줄 것도 아니면서 꼬치꼬치 캐묻는 건 상대 입장에서 짜증 나는 일이다. 관심과 간섭을 구분해야 한다. 초대받지 않은 조언은 적을 만드는 최선最先의 길이다.

관계: _____

간섭: _____

권력과 권위

1.

권력과 권위는 다르다. 권력이 있다고 권위가 생기는 건 아니다. 권력은 위에서 행사하지만 권위는 아래로부터 부여된다. 권력은 직책에서 나오지만 권위는 능력에서 나온다. 권력은 복종을 이끌어내지만 권위는 자발적 참여를 끌어낸다. 권력은 재수가 좋으면 가질 수 있지만 권위는 그렇지 않다. 내가 한 행동과 태도에 대해 다른 사람들이 주는 선물이 권위다. 엄청난 권력을 가졌지만 경멸의 대상이 되는 사람이 있다.

내가 권위가 있는지 아닌지는 가정 안에서 위치를 보면 된다. 밖에서 무소불위의 권력을 가진 사람도 가정에서는 이를 사용할 수 없기 때문이다. 권력은 재수가 좋으면 가질 수 있다. 줄을 잘 서서 높은 자리에 올라가면 얻을 수 있기 때문이다. 하지만 권위는 갖고 싶다고 가질 수 있는 것이 아니다. 내가 한 행동과 태도에 대해 다른 사람들이 주는 것이 권위다.

2.

권력은 말 그대로 파워다. 권위는 파워보다는 카리스마, 아우라, 존재감의 의미가 강하다. 권력과 권위는 별개의 것이다. 권력을 가졌다고 권위가 오는 것은 아니다. 대부분 권력자는 권력만 있고 권위는 없다. 정치인들이 대부분 그렇다. 반대로 권력이 없어도 권위는 가질 수 있다.

인도의 지도자 간디Gandhi는 아무런 권력이 없었지만 대단한 권위를 가진 사람이다. 권력은 돈과 자리에서 나온다. 돈이 사라지고 자리에서 물러나면 권력 또한 사라진다. 권위는 다르다. 권위는 돈이나 자리와는 상관없다. 권위는 그 사람의 인품과 학식과 헌신에 사람들이 보내는 명예로운 선물이다. 쉽게 얻을 수 없다. 권력은 단기적으로 쉽게 얻을 수 있지만 쉽게 사라진다. 권위는 어렵게 얻는 대신 쉽게 사라지지 않는다. 권력을 가진 사람이 권위까지 가지면 더 이상 바랄 게 없지만 그런 경우는 흔하지 않다. 권력을 가진 사람이 권위를 가지면 사회는 밝아지지만 권력을 가진 사람이 조롱거리가 되면 사회는 어두워진다. 지금 우리 사회가 힘든 가장 큰 원인 중 하나다.

권력:

권위:

교포와 동포

둘 다 해외에 산다. 그런데 다르다. 교포는 한국 국적을 갖고 있는 사람이고 동포는 핏줄이 한국인인 사람을 뜻한다. 그런 면에서 미셸 위는 교포가 아니라 동포다.

교포: _____

동포: _____

교환가치와 사용가치

우리나라에서 집이란 존재는 무엇일까? 살기 편한 곳이 좋은 집일까? 아니면 계속 가격이 오르는 곳이 좋은 집일까? 현재 여러분이 살고 있는 집은 어디에 해당하는가? 보통 사람들이 생각하는 최선의 집은 살기도 좋고 계속 가격도 오르는 곳이 아닐까? 최악은 살기도 불편하고 가격도 오르지 않는 곳이다. 그렇다면 남은 건 두 가지다. 살기는 별로지만 가격이 계속 오르는 곳과 살기는 좋은데 가격은 거의 오르지 않는 곳이다. 이를 전문용어로 교환가치와 사용가치로 부른다. 꽤 많은 사람이 교환가치에 가치를 둔다.

여러분은 집을 구할 때 둘 중 어디에 높은 비중을 두는가? 난 사용가치에 더 큰 가치를 둔다. 난 현재 사는 곳에서 생을 마감할 생각이다. 오르건 오르지 않건 전혀 중요하지 않다. 오히려 쓸데없이 오르면 세금만 많아질 뿐이다.

교환가치: _____

사용가치: _____

군자와 소인

1

군자는 매사를 생각할 때 그것이 의로운 일인가 아닌가를 먼저 생각한다. 소인은 매사를 생각할 때 그것이 내게 이익인가 손해인가만을 생각한다. 의를 먼저 생각하며 사는 사람은 처음에는 손해를 보는 것 같아도 나중에는 큰 이익을 본다. 한자 말 근본은 우리말로 으뜸이라 하고 지엽은 딸림이라고 한다. 근본은 으뜸이기 때문에 언제나 먼저 해야 한다. 그렇게 되면 지엽은 언제나 그 근본을 따라온다.

2

군자탄탕탕 소인장척척君子坦蕩蕩 小人長戚戚. 『논어』「술이편」 37장에 나오는 말이다. 군자는 마음이 넓고 늘 평안하다. 소인은 늘 근심과 걱정에 시달린다.

군자: _____

소인: _____

귀납과 연역

아래로부터 진행하는 것이 귀납이고 위로부터 진행하는 것이 연역이다. 귀납은 경험과 관찰에 의존하기 때문에 근본적으로 참 지식에 닿지 못하고 연역법은 자명한 원리에서 출발하기 때문에 전제 자체를 증명할 수 없다.

영국의 철학자 프랜시스 베이컨Francis Bacon은 연역법을 거미에 귀납법을 개미에 비유했다. 거미처럼 자기 속에서 끌어내기만 해서도 안 되고 개미처럼 그저 모든 것을 긁어모으기만 해서도 안 된다는 것이다. 대신 벌처럼 수집과 정리를 병행해야 한다. 관찰을 중시하는 자연과학에서는 귀납이 유리하다. 수학 같은 기본과학에서는 연역법이 유리하다. 둘은 상호보완적이다.

귀납: _____

연역: _____

규정할 수 있는 일과 규정할 수 없는 일

"당신의 직업은 무엇인가? 만약 자신의 직업을 설명할 수 없다면 생존 가능성이 크다. 나는 어떤 목표도 체계도 경향도 추구하지 않으며 어떤 강령도 스타일도 방향도 가지고 있지 않다. 나는 일관성이 없고 충성심도 없으며 수동적이다. 무규정적이고 무제약적이고 끝없는 불확실성을 좋아한다."

현대미술의 거장 게르하르트 리히터Gerhard Richter가 한 말이다. 규정하기 어려운 일은 살아남는다.

규정할 수 있는 일: _____
규정할 수 없는 일: _____

균형과 조화

균형을 이룬다는 건 허구다. 저울을 보라. 완벽한 균형 상태에서는 아무 일도 일어나지 않는다. 역동성, 생명, 활력이 없다. 즉흥연주를 보라. 활력이 넘친다. 이게 바로 조화다. 각 부분은 균형과는 거리가 멀다. 때로는 색소폰이, 때로는 드럼이, 때로는 리드기타가 연주를 이끈다.

인생도 이와 같다. 때로는 잠을 두 시간밖에 못 자면서 며칠을 일해야 한다. 완벽한 균형은 없다. 결코 이룰 수 없다. 원할 필요도 없다. 그건 곧 죽음을 뜻한다. 균형을 이루어야 한다는 생각을 버려라. 균형보다는 조화가 바람직하다. 제임스 아서 레이James Arthur Ray의 저서 『조화로운 부』에 나오는 내용이다.

균형: _____
조화: _____

극복의 문제와 관리의 문제

"중국의 한반도 정책은 늘 세 가지다. 비핵화, 평화와 안정, 대화와 협상이다. 그 정책은 한 번도 바뀐 적이 없다. 북한은 중국인들에게 목구멍 근처에 있는 칼과 같은 존재다. 그만큼 지정학적으로 중요하다. 아무리 미국이 협박해도 절대 북한을 버리지 않을 것이다. 한중 문제는 독자적으로 할 수 있는 게 별로 없고 대부분 외생변수다. 사드는 극복할 문제가 아닌 관리할 문제로 봐야 한다."

중국 전문가가 사드 관련 강의에서 한 말이다. 설득력 있다. 우리 삶이 힘든 이유 중 하나는 모든 문제를 해결의 대상으로 생각하기 때문이 아닐까? 병도 그런 것 같다. 많은 병이 완치가 어렵다. 평생 친구처럼 같이 가야 한다. 극복의 문제가 아닌 관리의 문제일 수 있다. 병을 보는 시각을 바꾸면 마음의 평화가 오지 않을까?

극복의 문제: _____
관리의 문제: _____

근육과 뱃살

근육은 생기기는 어려운데 쉽게 빠진다. 뱃살은 쉽게 생기지만 빼긴 어렵다. 근육은 아름답지만 뱃살은 흉하다. 근육은 노력의 산물이지만 뱃살은 게으름의 결과물이다. 누구나 아름다워지고 싶어 한다.

하지만 아름다움은 쉽게 얻을 수 없다. 근육처럼 노력이 필요하다. 또 시간이 걸린다. 하루아침에 만들 수 없다. 꾸준해야 얻을 수 있다. 탁월함은 꾸준함이라고 고대 그리스 철학자 아리스토텔레스 Aristoteles는 얘기했다. 아름다움은 탁월한 사람만이 얻을 수 있다.

근육: _____

뱃살: _____

근절과 절제

근절할 수 없는 것을 근절하려고 노력하면 결과는 어떨까? 겉으로 보기에 근절된 것처럼 보이지만 보이지 않는 곳에서 다른 형태로 번성하게 되어 있다. 풍선의 한쪽을 누르면 다른 쪽이 튀어나오는 격이다. 악덕을 근절하려고 하는 것은 인간의 본성을 무시한 위선이다. 균형 감각으로 규제하는 데만 성공하면 그런 위선에 호소하지 않아도 호모 사피엔스인 인간의 생활은 성립된다.

로마인들이 최고의 미덕으로 생각한 것은 근절이 아니라 절제다. 악덕의 근절을 지향한 것이 아니라 악덕과의 적절한 공존을 지향했다. 소크라테스Socrates도 페리클레스Perikles도 율리우스 카이사르Gaius Julius Caeser도 포도주를 전혀 마시지 않았던 것은 아니다. 다만 취하도록 마시지 않았을 뿐이다.

근절: _____

절제: _____

금리와 환율

둘 다 돈의 값이다. 금리는 대내적인 돈의 값이고 환율은 대외적인 돈의 값이다. 오건영의 저서 『앞으로 3년 경제전쟁의 미래』에 나오는 내용이다.

금리: _____
환율: _____

기계 가동률과 사람 가동률

　회사를 효율적으로 경영하려면 직원의 사기와 의욕을 높여야 한다. 기계는 설명서에 적혀 있는 기능만큼의 힘밖에 발휘하지 못한다. 하지만 인간은 의욕에 따라 엄청난 힘을 발휘할 수 있고 직원의 사기를 높이지 못하고 무기력한 상태로 내버려두면 큰 손실이 발생한다. 그런데 많은 경영자들이 기계 가동률에만 관심을 갖고 직원들 사기에는 별 관심이 없다.

　"미래에 대한 꿈을 꿀 수 있고 환경과 대우가 어제보다는 오늘, 오늘보다는 내일 조금씩 더 좋아지는 회사라면 직원들은 최선을 다해 일할 것이다. 직원들이 두 배 더 열심히 일한다면 같은 급여를 주고 두 배의 성과를 올릴 수 있다. 직원이 100명이라면 200명 분의 생산성을 올릴 수 있다. 의욕이 충만한 직원은 알아서 일한다. 알아서 일하느냐, 억지로 일하느냐는 하늘과 땅 차이다. 알아서 일하면 주변 사람을 배려할 수 있고 생각도 유연해지며 일에 대한 만족도도 높아진다."

　일본 기업가 츠카코시 히로시의 『나이테 경영, 오래 가려면 천천히 가라』에 나오는 말이다.

기계 가동률: _____
사람 가동률: _____

기록과 기억

 기록하면 굳이 기억하려고 애를 쓸 필요가 없다. 머리가 맑아진다. 그런데 기록하면서 기억이 된다. 기록은 기억력을 높이는 최선의 방법 중 하나다. 기록이 기억보다 강하다.

기록: _____
기억: _____

기본과 본질

"내가 생각하는 기본이란 잘 보이지도 않고 너무 당연해서 말할 필요도 없지만 없으면 치명적인 것이다. 흔히 말하는 디폴트 값 또는 커트라인이다. 기본은 본질과는 다르다. 성공에서 가장 중요한 것이 본질이라면 실패에서 가장 치명적 것이 기본이다. 직장인에게 성과는 본질이지만 근태는 기본이다. 음식점은 어떤가? 음식점의 본질은 맛이다. 가장 기본은 청결이다. 깨끗하기만 하다고 성공하는 것은 아니지만 아무리 맛있어도 지저분한 음식점은 다시는 가고 싶지 않기 때문이다."

모임 '글쓰는 사람이 세상을 바꾼다'의 멤버 김연의가 한 말이다.

기본: _____
본질: _____

기술적 과제와 적응적 과제

"기술적 과제는 현재의 기술이나 지식으로는 해결할 수 없지만 필요한 기술이나 지식을 도입하면 해결할 수 있는 과제다. 적응적 과제는 기존 사고방식으로는 해결이 어렵다. 가치관이나 신념의 일부를 변경 혹은 제거해야 하는 과제다. 둘을 헷갈리면 실패한다."

하버드대학교 석좌교수이자 발달 심리학자인 로버트 케건Robert Kegan이 한 말이다.

내가 생각하는 최악의 결정 중 하나는 정부를 과천에서 세종시로 옮긴 것이다. 지방 활성화가 목적이다. 그런데 과연 그 목적을 달성했을까? 부분적으로 세종시는 활성화됐을지 몰라도 전혀 아니다. 오히려 서울 집중 현상이 강해졌다. 왜 그럴까? 그 과제는 기술적 과제가 아니라 적응적 과제이기 때문이다.

기술적 과제는 도시를 옮기면 문제가 해결되지만 적응적 과제는 사람들의 생각이 바뀌어야 해결된다. 서울 집중은 뿌리 깊은 생각이다. "말은 낳아서 제주로 보내고, 사람은 낳아서 서울로 보내라"는 속담에 있듯이 서울에 대한 환상을 그런 기술적 과제로 해결할 수는 없는 법이다. 사람들의 의식이 바뀌어야 비로소 해결된다. 교육 문제, 환경 문제 등은 대부분 적응적 과제다.

기술적 과제: _____

적응적 과제: _____

기억과 망각

1.

모든 걸 잊지 않고 기억한다면 어떤 일이 일어날까? 좋은 점보다는 나쁜 점이 많을 것이다. 새로운 걸 학습하기 위해서 망각은 필수적이다. 메모리가 꽉 찬 컴퓨터는 더 이상의 메모지를 거부한다. 온갖 기억으로 꽉 찬 두뇌도 그럴 것이다. 그렇기 때문에 기억만큼 망각이 중요하다.

나쁜 기억은 가능한 한 빨리 잊는 게 필요하다. 문제는 이게 뜻대로 되지 않는다는 것이다. 망각은 노력한다고 되는 것이 아니다. 잊으려고 노력할수록 더 기억이 나기도 한다.

2.

"무언가를 기억하는 것이 어려울까, 망각하는 것이 어려울까? 내겐 후자가 더 어려워 보인다. 기억은 열심히 외우다 보면 어떻게든 되지만 망각은 그 반대다. 잊으려고 할수록 잊히기는커녕 더욱 나를 붙잡는다. 기억은 머리가 시키는 일이고 망각은 가슴이 시키는 일이기 때문일까, 아니면 기억은 내가 하는 일이고 망각은 시간이 하는 일이기 때문일까?"

　가인지캠퍼스의 김경민 대표가 한 말이다.

기억: _____

망각: _____

꿈과 목표

1.

꿈은 글자 그대로 꿈이다. 바라는 것을 그냥 꿈꾸는 것이다. 상상하는 것이다. 별다른 노력이 수반되지 않는다. 목표는 다르다. 목표는 그걸 이루기 위한 구체적인 계획을 세우고 이를 하나하나 실행해 마침내 이루는 것이다. 목표는 데드라인이 있는 꿈이다.

2.

꿈은 일어나지 않을지도 모르는 일을 그냥 상상하는 것이다. 목표는 그걸 이루기 위한 구체적인 계획을 세우고 열심히 노력해 마침내 이루는 것이다.

꿈: _____
목표: _____

나가는 것과 물러나는 것

소인은 앞으로 잘 나서지만 물러나는 일을 못한다. 대인은 앞에 나서는 일은 신중하지만 물러날 때가 되면 미련 없이 잘 물러난다.

나가는 것: _____
물러나는 것: _____

낙천과 낙관

겉보기에는 비슷해 보이나 곰곰 생각하면 다르다. 낙천樂天의 천은 하늘 천이다. 천수답이 연상된다. 하늘에서 비가 오면 농사를 짓고 비가 오지 않으면 농사를 짓지 못하는 논이다. 낙천은 다른 조건을 따져보지 않고 그냥 막연하게 잘될 것으로 생각하는 것을 뜻한다. 근거가 희박하다는 느낌이다. 낙관은 다르다.

낙관樂觀의 관은 볼 관이다. 객관적인 조건을 따져보고 난 후 판단하는 것이란 느낌이 강하다. 여기서 조심할 게 하나 있다. 자기가 보고 싶은 것만을 보거나 남들과 같은 시각으로 보는 대신 자신만의 시각으로 있는 그대로 쿨하게 봐야 한다는 것이다.

낙천: _____

낙관: _____

내적 목표와 외적 목표

『뉴욕타임스』는 생도 1만 명을 대상으로 14년 동안 추적 조사했다. 신입생 시절 '당신의 꿈은 무엇인가?'라는 질문을 했다. 탁월한 리더십과 소통력을 연마하고 존중심을 얻어 훌륭한 장교가 되겠다는 내적 목표를 밝힌 생도일수록 장교로 임관한 후 최소 5년 동안 근무하고 일찍 승진함으로써 자부심과 만족감을 나타냈다.

반면 승진과 지위 획득 같은 외적 목표를 중시한 생도들은 의무 복무 기한조차 채우지 못하는 경우가 많았다. 승진도 느렸고 일에 대한 만족도와 자부심도 떨어졌다. 승진이나 금전적 보상은 목표의 대상이 아니다. 그건 결과물로 자연스럽게 따라오는 것이다.

내적 목표: _____
외적 목표: _____

네이션과 스테이트

네이션Nation은 그 나라에서 사는 사람을 가리킨다. 같은 역사와 문화 언어를 공유하는 사람들의 단위다. 국경의 한계를 벗어날 수 있다. 스테이트State는 독자적인 정부를 가진 물리적 영토다. 정보 조직에 초점을 맞춘다. 미국은 영어로 유나이티드 스테이츠United States 다. 50개의 스테이트, 독자적인 주 정부와 다른 영토를 가진 조직이 한 울타리에 있다는 말이다.

코리아 중앙데일리의 박혜민 기자가 한 말이다.

네이션: _____

스테이트: _____

노겸과 생색

노겸勞謙은 글자 그대로 힘들 노勞와 겸손할 겸謙이다. 힘들게 고생했지만 자신을 드러내지 않는 것이다. 행복의 근원이다. 노겸의 반대말은 생색이다.

생색生色은 한 것도 별로 없는데 자신이 모든 것을 다 한 것처럼 티를 내는 것이다. 일하고도 좋은 소리를 못 듣는 이유 중 하나다. 생색 대신 노겸할 수 있어야 하는데 그게 말처럼 쉽지 않다.

나도 모르게 자꾸 생색을 내고 싶어진다. 혹시 내가 한 고생을 다른 사람이 몰라줄까 봐 노심초사하게 된다. 공이란 건 내세우는 순간 날아간다는 걸 알지만 자꾸 생색을 내고 싶은 건 그만큼 내가 미성숙한 증거다.

노겸: _____
생색: _____

노는 것과 놀아주는 것

하는 일에 따라 시간에 대한 느낌이 다르다. 골프는 대충 다섯 시간을 친다. 밥 먹는 시간까지 합하면 일곱 시간은 되는 것 같다. 그래도 늘 아쉽다고 생각한다. 어떤 친구는 9홀을 더 돌기도 한다. 남자들에게 애를 데리고 놀라고 하면 30분도 견디지 못하고 힘들어한다. 왜 그럴까? 우선 내 일이 아니라고 생각하기 때문이다. 아내가 할 일을 내가 도와준다고 생각하기 때문이다. 또 다른 하나는 놀아준다고 생각하기 때문이다.

내가 주도적으로 노는 것과 놀아주는 것은 다르다. 집안일도 그렇다. 나를 포함한 대부분 남성은 집안일을 자기 일로 생각하지 않는다. 아내를 돕기 위해 필요한 일로 인식한다. 회사 일이 힘든 이유 중 하나는 그 일을 내 일로 생각하지 않기 때문이다. 당연히 한 발 뺀 것처럼 일하게 된다. 일을 즐기는 방법은 간단하다. 그 일을 내 일이라 생각하면 된다. 그럼 일의 주인이 되고 결국 회사의 주인이 된다.

"일을 배우는 최선의 방법은 회사의 오너가 되는 것이다."

'오마하의 현인'이라 불리는 워런 버핏Warren Buffett의 말이다.

노는 것: _____
놀아주는 것: _____

노동과 오락

　노동이란 하기 싫은 일을 억지로 하는 것이고 오락이란 하고 싶은 일을 자발적으로 하는 것이다. 어부에게 고기잡이는 생계를 유지하기 위한 노동이다. 낚시꾼에게 고기잡이는 오락이자 취미 활동이다. 같은 일을 하지만 목적이 다르다. 뭐든 생계를 위해 하면 일이고 좋아서 하면 취미가 된다.
　여러분에게 일은 무엇인가? 좋아하는 일을 하면 평생 일할 필요가 없다.

노동: _____

오락: _____

노예와 주인

시켜야 일을 하면 노예고 시키기 전에 알아서 일하면 주인이다. 이 일을 내 일이라고 생각하면 주인이다. 이 일은 주인 일이고 난 그저 주어진 일만 하는 사람으로 생각하면 노예다. 끌려가면 노예고 끌고 가면 주인이다. 늘 상사 입장에서 생각하면 주인이고 늘 직원 입장에서 생각하면 노예다. 주말만 기다리면 노예고 월요일을 손꼽아 기다리면 주인이다. 월급날만 기다리면 노예고 월급날이 두려우면 주인이다.

노예: _____

주인: _____

농사와 농업

　농사는 판로는 생각하지 않고 무조건 생산하는 것이다. 왜 자신이 농사를 짓는지를 생각하지 않고 습관적으로 하던 일을 계속하는 것이다. 그들은 공부하지 않는다. 자신이 생산하면 누군가는 반드시 사야만 한다고 생각한다. 주로 국가가 대상이다. 농업은 농사에 업의 개념을 더한 것이다. 무조건 생산하지 않고 판매까지 고려해 일한다. 품종을 선정하고, 생산 후 판로를 따져보고, 팔리지 않으면 왜 팔리지 않는지 이유를 분석한다. 이들은 고객을 염두에 둔다.

　농사만 그런 건 아니다. 자신이 하는 일에 업의 개념이 있어야 한다. 고객을 늘 염두에 두어야 한다. 고객으로 하여금 자기 물건과 서비스를 구매할 이유를 만들어야 한다. 식당 간판을 건다고 식당이 되는 건 아니다. 고객이 찾고 다시 찾은 고객이 또 찾을 때 비로소 식당이 되는 것이다.

농사: _____

농업: _____

높은 자리에 있는 것과 일 잘하는 것

아무것도 아닌 사람은 일을 못해도 별 상관이 없다. 대세에 큰 영향을 주지 않는다. 그런데 대통령이나 장관이나 고위 공무원이 일을 못하면 이는 재앙이다. 그의 일거수일투족에 전 국민의 생활이 지장을 받는다. 요즘 이슈가 되는 최저임금제와 근무시간 단축의 문제가 그렇다. 난 이 제도의 시시비비를 가릴 만큼의 전문성은 없다. 하지만 방법에는 문제가 많다. 내가 이 제도를 실행한다면 파일럿 테스트를 할 것이다. 파일럿 테스트란 실행하기 전 실험실에서 대규모로 하는 실험이다. 규모에 따라 실험결과가 달라지는 걸 사전에 방지하기 위한 것이다.

예를 들어 인천의 한 구를 상대로 실험을 하는 것이다. 문제가 생기는 곳에 정부 지원도 해준다. 당연히 예상치 못한 부작용이 나타나면 고치면서 완성도를 높인다. 어느 정도 됐다고 생각하면 인천시 전체로 확대한다. 규모가 확대되면서 또 다른 문제가 등장한다. 이를 고치고 또 고친다. 더 이상 고칠 게 없다고 생각될 때 비로소 전국으로 확대하는 것이다. 그런데 현 위정자 중 파일롯 테스트란 개념이 머릿속에 있는 사람이 있을까? 몰라서 안 하는 걸까, 아니면 알면서도 안 하는 걸까? 참 답답한 사람들이다.

높은 자리에 있는 것: _____
일 잘하는 것: _____

뇌물과 선물

아랫사람들이 윗사람에게 바치면 뇌물이고 윗사람이 아랫사람에게 주면 선물이다. 대가를 바라면 뇌물이고 대가를 바라지 않으면 선물이다. 식당에서 서빙하는 사람에게 팁을 줄 때 먼저 주는 경우와 나중에 주는 경우가 있는데 어느 게 뇌물일까?

뇌물: _____
선물: _____

뇌와 매트리스의 공통점

"침대 매트리스에서 스프링 하나를 빼내도 아직 많이 남아 있기 때문에 그것을 알아차리지 못한다. 뇌도 마찬가지다. 뇌에도 무엇인가가 많이 중복돼 있기 때문에 일부분이 고장이 나도 잘 작동한다."

뇌 과학자 마이클 콘래드가 과학 저술가 재닌 베니어스Janine M. Benyus와 인터뷰에서 한 말이다.

우리 뇌는 비효율적이기에 오히려 안전하다. 바둑판처럼 질서 정연한 조직이 곧 효율적인 조직이라고 믿는 사람이 많다. 정치학자 척 세이블은 다음과 같이 말했다.

"수직적 구조가 일반화되고 정착된 것은 산업혁명 당시 학자들에 의해 가장 합당한 형태의 조직구조로 제안되었기 때문이다."

그 당시 환경에 맞게 제시된 조직구조가 아직도 가장 효율적인 것으로 인식되고 있다는 점은 아이러니가 아닐 수 없다. 바둑판 같은 조직에 일부러 약간의 무질서를 권장함으로써 효율을 높이는 방법을 연구하는 것이 지혜로운 조직 운영임을 기억해두자.

유정식의 『빌 게이츠는 왜 과학책을 읽을까』에 나오는 내용이다.

뇌: _____
매트리스: _____

누드와 나체

누드는 균형 잡힌 자신감 있는 인체로서 완벽한 예술의 한 형식이다. 나체는 단순히 옷을 입지 않은 상태로서 누구나 부끄러움을 느낄 만한 상황이다. 누드는 남의 눈을 의식해야 하는 상태지만 내 벗은 몸을 타인이 보고 있다는 걸 의식해야 한다. 나체는 그냥 옷을 입지 않은 상태이다. 재미난 사실 하나는 누드는 보통 여성에게 해당한다.

존 버거John Peter Berger의 저서 『다른 방식으로 보기』에 나오는 말이다.

누드: _____
나체: _____

능력과 폭력

 열 마디를 한 마디로 줄여 말함이 능력이고 한 마디를 열 마디로 늘려 말함은 폭력이다.

능력: _____
폭력: _____

다리와 터널

"두 개의 공간을 연결하는 통로엔 다리와 터널이 있다. 다리는 텅 빈 공간에 놓는 것이고 터널은 흙이나 암반으로 꽉 차 있는 공간을 뚫는 것이다. 다리는 더하기의 통로고 터널은 빼기의 통로라고 할 수 있다."

영화평론가 이동진이 한 말이다.

다리: _____
터널: _____

단어와 문장

단어words와 문장sentence의 차이는 무엇일까? 하나는 짧고 다른 하나는 길다는 것? 그것 말고 무엇이 있을까? 가장 큰 차이는 마침표다. 단어에는 마침표를 찍을 수 없다. 찍으면 안 된다. 뒤에 오는 말에 따라 의미가 완전히 달라지기 때문이다. 문장은 다르다. 문장은 그 자체로 완결형이다. 그래서 반드시 마침표를 찍어야 한다.

문장을 뜻하는 영어 센텐스sentence의 또 다른 의미는 구형이다. 몇 년형을 살라고 할 때 이 단어를 쓴다. 이것도 일종의 마침표가 아닐까? 물론 나만의 생각이다.

단어: _____
문장: _____

단언적과 담론적

사회는 생각이 다른 수많은 사람으로 구성되어 있다. 생각이 십인십색이다. 한 가지 주제에 대해서도 다 생각이 다르다. 당연히 특정 이슈에 대해 수많은 담론이 있어야 한다. 건강한 토론이 있어야 하고 그 결과를 갖고 일을 진행해야 한다. 그래도 잡음이 있게 마련이다. 만약 사회적 이슈에 대해 담론이 없다면 그 사회는 건강치 못하다.

그런데 개인은 다르다. 사회에 비해 결정이 쉽다. 삶의 지향점이 무언지, 가치의 우선순위를 어디에 두어야 하는지가 명쾌하다. "사회는 담론적이어야 하고 개인은 단언적이어야 하는데 그게 뒤바뀌면 곤란하다. 우리 사회는 단언적이다. 중요한 이슈에 대해 단정적으로 얘기한다."라는 내용의 김정운 교수의 칼럼을 읽고 문득 떠오른 내 생각이다.

단언적: _____

담론적: _____

도덕과 윤리

도덕은 타고나는 것일까, 학습되는 것일까?

"전 폭력적인 가정에서 자랐습니다. 정상적인 직업을 가진 책임감 있는 사람이 되고 싶었지만 방법을 몰랐습니다. 전 교도소에서 도덕을 배웠습니다. 거기서 만난 심리학자의 신념과 사랑이 절 완전히 바꿔놓았습니다."

사람을 둘 죽인 살인범이 한 고백이다. 도덕은 절로 생성되기보다 환경에 따라 형성되는 게 아닌지 고민하게 된다. 좋은 사람, 나쁜 사람은 없다. 누구나 선한 행동도 하고 악한 행동도 한다. 의식적으로 하기도 하고 무의식적으로 하기도 한다. 중요한 건 의도와 의식이다. 우리가 할 일은 속도를 늦추는 것이다. 적절한 방식을 통해 의식과 자각 수준을 끌어올려 더 현명한 결정을 내리는 것이다.

도덕을 뜻하는 영어 모럴리티morality는 관례와 예절을 뜻하는 라틴어 모레스mores에서 나왔다. 윤리를 뜻하는 에식스ethics는 그리스어 에토스ethos에서 나왔다. 도덕이나 윤리 모두 예절과 관계가 있다. 도덕과 윤리는 시대와 환경에 따라 달라질 수 있다. 섞어서 사용하는 경우도 있지만 도덕은 개인적 측면이 강하고 윤리는 사회적 측면이 강하다. 윤리는 특정 사회나 문화에 의해 규정되고 강제되는 행동 양식이다. 그래서 나라마다 다를 수 있다. 포르노가 그렇다. 중동이나 아시아 일부 국가에서 포르노는 불법이지만 대부분 서양 국가는 그렇지 않다. 그들은 포르노 제한을 표현의 자유를 침해하는 행위로 간주한다. 하지만 살인, 절도, 침입, 위증은 어디서나 금지다.

이든 콜린즈워스Eden Collinsworth의 저서 『예의 바른 나쁜 인간: 도덕은 21세기에도 쓸모 있는가』에 나오는 말이다.

도덕: _____

윤리: _____

도와 덕

둘 다 쌓는 것이다. 하루아침에 할 수 없고 시간이 필요하다. 그런데 둘은 조금 다르다. 도는 쌓인 결과물이 어느 순간 번쩍 깨달음으로 이어지는 창의성creativity이다. 덕은 축적accumulation이다.

도: _____

덕: _____

독초와 약초

독초는 화려하다. 자신을 의도적으로 드러내려 한다. 약초는 반대다. 까칠하고 가시가 있고 평범하다. 눈에 잘 띄지도 않는다. 사람도 그렇지 않을까?

독초: _____

약초: _____

돈 문제와 돈 걱정

둘은 같은 것 같지만 다르다. 돈 문제는 경제적 문제다. 돈이 없어 생기는 문제다. 돈이 없어 수도세를 내지 못한다든지 등록금이 없다든지 등등……. 해결법은 심플하다. 돈을 더 벌거나 적게 쓰면 된다. 돈 문제는 돈이 생기는 순간 사라지기 때문에 쉬운 문제다. 그런데 돈 걱정은 다르다. 돈 걱정은 경제적 문제가 아닌 심리적 문제다. 비교에서 생기는 시기와 질투, 지금도 있지만 더 벌고 싶다는 욕심, 과도한 욕심을 채우지 못하는 데서 오는 불만 등등…….

반면 돈 걱정은 돈이 더 생긴다고 해결되지 않는다. 먹고사는 데 전혀 지장 없는 사람들의 돈 문제는 돈 걱정이다. 현대인들의 돈 관련 고민 중 많은 건 돈 문제가 아닌 돈 걱정이다. 실제 문제가 아닌 심리적 문제다. 이를 해결하기 위해서는 돈이 내게 어떤 의미인지를 곰곰이 생각해야 한다. 돈에 대한 과도한 의미 부여가 돈 걱정의 원인인데 이는 해결 방법이 없다.

돈 문제: _____

돈 걱정: _____

동정, 공감, 연민

동정sympathy은 머리로만 안 됐다고 생각하는 것이다. 추위에 덜덜 떠는 거지를 보고 느끼는 감정은 동정이다. 하지만 거기까지다. 생각으로 그칠 뿐 더 이상 진도가 나가지 않는다. 공감empathy은 자신을 같은 위치에 두는 것이다. 자기도 옆자리에 같이 있어 주는 것이다. 연민compassion은 뭔가 행동에 나서는 것이다. 아프리카 아이들을 위해 우물을 파주는 행동을 들 수 있다. 동정은 대인관계를 해친다. 세상에 동정을 원하는 사람은 없다.

동정은 일종의 우월감이다. 공감은 내가 그 안에 들어가는 것이다. 연민만이 행동으로 이어진다.

동정: _____
공감: _____
연민: _____

득의양양과 득의담담

득의양양得意揚揚을 자기 뜻대로 뭔가를 이룬 상태다. 득의를 하면 자연스럽게 양양하게 된다. 어깨를 으쓱하고 기고만장하게 된다. 많은 사람이 이렇게 한다. 경주 최씨의 육연 중 하나는 득의담담得意潭潭이다. 득의를 했지만 그럴수록 담담하란 말이다. 마음을 가라앉히고 중심을 잡으란 충고다. 난 득의양양보다는 득의담담에 마음이 간다.

득의양양: _____

득의담담: _____

똑똑한 것과 지혜로운 것

똑똑한 건 상대가 뭘 잘못했는지를 귀신같이 찾아내 콕콕 집어내고 사사건건 따지고 드는 것이다. 그래서 똑똑한 건 이미지가 별로다. 뭔가 피곤함이 연상된다. 지혜는 다르다. 상대의 잘못을 알긴 알지만 늘 지적하진 않는다. 아는 척할 때와 모른 척할 때를 구분해 행동한다.

똑똑한 것: _____
지혜로운 것: _____

뜨는 것과 나는 것

나는 건 내 힘으로 하는 것이고 뜨는 건 남의 힘 혹은 외부 도움을 받아 하는 것이다. 남의 힘으로 난다는 건 그 힘이 사라지면 떨어질 수 있다는 것이다. 그런 면에서 뜨는 건 추락의 위험이 있다. 뜨기 위해 노력하기보다는 날기 위해 노력해야 한다.

뜨는 것: _____
나는 것: _____

2, ㅁ

로고스, 에토스, 파토스

로고스는 우주의 논리, 에토스는 사회의 관습, 파토스는 사람의 열정과 감성이다. 우주 차원의 로고스, 사회 차원의 에토스, 개인 차원의 파토스가 있어야 세상이 잘 돌아간다.

로고스: _____
에토스: _____
파토스: _____

리스크와 해저드

위험에는 두 가지가 있다. 하나는 리스크Risk고 또 하나는 해저드Hazard다. 놀이터에 깨진 병 조각이 있거나 난간이 녹슬어 무너질 염려가 있는 건 해저드다. 미리 문제를 해결해야 한다. 리스크는 새로운 일을 시도할 때 일어날 수 있는 최소한의 위험이다. 자전거를 타려면 넘어질 각오를 해야 하고 수영을 배울 때는 물 먹을 걸 감수해야 한다.

해저드는 사전에 방지해야 하지만 리스크에는 열린 마음을 가져야 한다. 리스크는 예방 주사와 같다. 아이들을 키울 때도 그렇다. 해저드는 방지해야 하지만 리스크는 기꺼이 지게 해야 한다. 그래야 온실 속 화초란 말을 듣지 않는다.

리스크: _____

해저드: _____

마사지와 스트레칭

둘 다 건강에 좋고 피곤한 몸을 푸는 좋은 방법이지만 차이가 있다. 마사지는 남의 힘을 빌려 자기 몸을 풀고 스트레칭은 자기 힘으로 몸을 푼다. 마사지는 수동형이고 스트레칭은 능동형이다. 마사지는 돈이 들고 스트레칭은 돈이 들지 않는다. 마사지는 예약해야 가능하지만 스트레칭은 언제 어디서든 가능하다.

난 둘 다를 좋아하는데 스트레칭을 자주 하면서 마사지의 필요성이 줄어드는 것을 느낀다.

마사지: _____
스트레칭: _____

마취와 마비

　마취는 의도적으로 감각이 사라지는 것이고 마비는 자신도 모르게 감각이 없어지는 것이다. 마취는 마취됐다는 사실은 본인이 인지하지만 마비는 감각이 없어지고 있다는 사실을 인지하지 못한다. 마취는 시간이 지나면 저절로 풀리지만 마비는 그렇지 않다. 심장마비나 하반신마비같이 치명적이다.

마취: _____
마비: _____

마케팅과 영업

마케팅은 포병이고 영업은 보병이다. 포 사격으로 널리 알리고 보병이 각개격파를 하는 식이다. 마케팅은 깻묵 뿌리기고 영업은 낚시다. 깻묵이나 떡밥으로 고기를 몰려들게 하고 이후 낚시로 고기를 낚는 것이다.

마케팅: _____

영업: _____

만남과 마주침

1.

만남은 눈뜸이다. 만나는 순간 정신이 번쩍 든다. '세상에 저런 사람도 있구나.' '좀 더 얘기를 듣고 싶다.'라는 생각이 든다. 마주침은 말 그대로 아무 감정의 동요가 일어나지 않는 만남이다. 느낌이 없고 지루하다. 눈을 뜨는 대신 눈을 감게 된다. 난 눈을 뜨게 하는 사람일까, 아니면 눈을 감게 하는 사람일까?

2.

살면서 수많은 사람을 만난다. 대부분의 만남은 마주침이다. 별다른 느낌이 없고 서로에게 관심도 없고 더 이상 만날 일도 없다. 스쳐 지나갈 뿐이다. 만남은 다르다. 만남은 눈뜸이다. 그 사람 덕분에 새로운 세상을 알게 되고 사물을 다르게 보는 법을 알게 된다. 만난 후 여운이 남고 자꾸 그가 한 말이 떠오른다. 다시 만나고 싶은 생각이 든다.

인연因緣을 소중히 해야 한다는 말을 많이 한다. 하지만 모든 인연을 소중히 할 수는 없다. 내게 소중한 건 내 눈을 번쩍 뜨게 하는 만남이다.

만남: _____
마주침: _____

망각과 기억

"망각은 포로 상태로 이어진다. 그러나 기억은 구원의 비밀이다."

유대인 속담이다. 역사를 망각하는 민족은 미래도 없다고 믿는 것이다.

망각: _____

기억: _____

매직과 상식

박항서 감독이 별 볼 일 없던 베트남 축구팀을 강하게 만들자 언론에서는 이를 매직으로 표현한다. 마술을 부려 그렇게 되었다는 뜻일 것이다. 그런데 난 이 말이 불편하다. 마술이란 남들이 하지 못하는 신출귀몰한 일을 할 때 쓰는 말이다. 그런데 그가 한 일은 지극히 상식적인 일이다. 좋은 선수를 정당하게 발굴해서 평가하고 격려하고 단점 대신 장점을 발휘하도록 분위기를 만들어준 것이다. 한마디로 제대로 된 경영을 한 것이다.

그런 면에서 난 매직 대신 상식이란 말을 하고 싶다. 내가 생각하는 경영은 상식의 실천이다. 뭔가 제대로 되지 않는 건 상식적으로 생각하지 않고 행동하지 않기 때문이다. 적합한 사람 대신 엉뚱한 사람을 뽑고 해야 할 일 대신 하지 말아야 할 일을 서슴없이 하기 때문이다. 매직보다 상식이 힘이 세다.

매작: _____

상식: _____

멀티플라이어와 디미니셔

　세상에는 두 종류의 사람이 존재한다. 밝은 사람과 어두운 사람, 사람을 기분 좋게 하는 사람과 기분 상하게 하는 사람, 그 사람 앞에 가면 작아지게 만드는 사람과 그 사람 앞에 가면 나 자신이 커지는 느낌이 들게 하는 사람이다. 앞쪽이 멀티플라이어Multipliers고 뒤쪽이 디미니셔Diminisher다.

　멀티플라이어에게 인재가 몰리고 디미니셔에게서 인재가 흩어진다. 멀티플라이어는 일할 의욕이 생기도록 한다. 디미니셔는 사기를 떨어뜨리고 분위기를 파괴한다. 멀티플라이어는 기회를 보여주고 도전하여 해낼 수 있도록 믿음을 준다. 디미니셔는 자신이 전지전능한 것처럼 조직을 운영한다. 멀티플라이어는 토론을 통해 결정하는 합리적 사회자다. 디미니셔는 작은 이너서클 안에서만 방향을 설정하는 밀실 결정자다. 당신은 멀티플라이어인가, 아니면 디미니셔인가?

멀티플라이어: _____

디미니셔: _____

멋이 나는 것과 멋을 내는 것

맵시란 말을 좋아한다. 꼬집어 표현하기는 어렵지만 이상하게 맵시가 나는 사람이 있고 온갖 명품으로 휘감았는데도 맵시가 나지 않고 촌스러운 사람이 있다. 멋도 그런 것 같다. 누구나 멋이 나길 바란다. 최선은 대충 입어도 멋이 나는 것이고 최악은 온갖 노력을 해 멋을 냈는데 멋이 나지 않는 것이다.

둘을 구분하는 건 무엇일까? 하나는 몸매다. 늘씬한 젊은이는 청바지에 흰 티셔츠만 입어도 멋지다. 하지만 살이 찌고 배가 나온 중년 중에는 아르마니를 입어도 어울리지 않는다. 또 다른 하나는 내적 아름다움이다. 안의 아름다움이 밖으로 나오는 것이다. 당신은 어디에 속하는가? 어떤 사람이 되고 싶은가?

멋이 나는 것: _____
멋을 내는 것: _____

메시지와 메신저

메시지가 중요할까, 메시지를 전달하는 메신저가 중요할까? 둘 다 중요하지만 엄밀한 의미에서 메신저가 더 중요하다. 그 말을 언제 어떤 장소에서 누가 하느냐가 메시지의 내용보다 중요할 수 있다. 노숙자가 아무리 옳은 말을 해도 듣는 이가 없다. 하지만 사회적 명망이 있는 사람이 하는 말은 다들 열심히 듣기 때문이다. 의견의 옳고 그름, 맞고 틀림보다 의견 주체의 사회적 파워가 더 중요하게 받아들여진다는 것이다.

"정의가 이기는 것이 아니라 이긴 것이 정의다."

메신저의 파워가 메시지를 왜곡할 수 있다는 말이다.

메시지: _____

메신저: _____

면역 억제제와 감염 예방제

장기이식을 받은 환자는 평생 면역 억제제를 먹어야 한다고 한다. 몸이 다른 장기를 적으로 간주해 공격하기 때문에 이를 방지하기 위한 것이다. 말 그대로 면역을 억제하는 것이다. 당연히 면역력이 떨어지면서 쉽게 감염된다. 감기도 잘 걸리고 바이러스에도 쉽게 노출된다. 면역 억제제의 또 다른 이름은 감염 예방제다. 하는 일은 같지만 어감이 다르다. 하나는 부정적이고, 하나는 긍정적이다. 난 면역 억제제 대신 감염 예방제란 이름이 바람직하다고 생각하는데 여러분 생각은 어떤지 궁금하다.

면역 억제제: _____

감염 예방제: _____

명성과실과 명불허전

명성과실名聲過實은 이름값을 못할 때 쓰는 말이고 명불허전名不虛傳은 이름값을 할 때 쓰는 말이다. 난 CEO를 알고 싶으면 그 사람 방에 가 본다. 사무실로 간다. 방과 사무실을 둘러보면 그 사람을 알 수 있다. 벽에 걸어둔 사진을 보면 그 사람이 어떤 사람인지 판단할 수 있다. 가족과 함께 찍은 사진을 보면 '가정 우선'인 사람이구나. 직원들과 함께 MT 가서 으쌰으쌰 하며 찍은 사진을 걸어두면 '직장 우선'이구나.

또 어떤 사람은 신문기사를 스크랩한 후 필름으로 씌워 벽 전체에 도배를 해두었는데 조선일보 10년 전 판까지 있다. 그런 사람은 '자기를 드러내기 좋아하는 사람이구나.' 하고 생각한다. 어떤 사람이 좋고 어떤 사람이 나쁘고를 떠나서 개인의 성향 같은 것에 관심을 둔다는 것이다.

명성과실: _____

명불허전: _____

명성과 평판

명성名聲은 이름 명에 소리 성이다. 이름에 대한 소리다. 이름이 알려진 것, 유명한 것을 뜻한다. 평판評判은 그 사람에 대한 평가다. 명성이 높다고 평판이 늘 좋은 건 아니다. 유명한 사람 중 평판이 좋지 않은 사람이 많다.

"명성fame은 생전에 얻을 수도 있고 얻지 못할 수도 있다. 그런데 제대로 된 평판reputation은 그 사람이 세상을 떠난 뒤에 얻어진다. 어떤 평판을 갖고 싶은가? 지금처럼 살면서 그런 평판을 얻을 수 있을까? 좋은 평판을 위해서는 살아생전 제대로 살아야 한다. 죽고 난 뒤에는 너무 늦다. 평판에 대한 경쟁이 삶의 마지막 경쟁이다."

저널리스트 마이클 킨슬리Michael Kinsley의 저서 『처음 늙어보는 사람에게』에 나오는 말이다.

명성:
평판:

모션과 액션

모션과 액션은 우리말로 움직임과 행동이다. 비슷한 것 같지만 다르다. 둘의 결정적 차이는 결과물을 내는지의 여부다. 결과물 없이 움직이는 건 모션이고 결과물을 만들어내는 행동은 액션이다. 예를 들어 공부를 하는 건 액션이지만 공부를 위해 책상 정리를 하거나 스케줄을 보는 건 모션이다. 액션보다는 모션이 많은 사람이 있다. 이런 사람의 특징은 바쁘다는 것이다. 바쁘지만 결과물은 없다. 열심히 돌아다니지만 영업을 하나도 못 하는 사람이 있고 한가해 보이지만 영업을 잘하는 사람이 있다.

당신이 현재 하는 건 모션인가? 액션인가? 모션을 하면서 액션을 했다고 착각하는 건 아닌가?

모션: _____

액션: _____

목적과 수단

회사 경영에서 가장 중요한 것은 '본연의 모습', 즉 초심을 잃지 않는 것이다. 회사의 목적은 회사에서 일하는 사람들을 행복하게 해줌으로써 사회에 공헌하는 것이다. 사람들이 행복해지고 물질적으로 풍요로워지고 도덕의식이 높아지면 사회는 안정되고 생활 수준도 높아진다. 이런 이념을 바탕으로 회사를 경영하면 급속한 성장은 이룰 수 없지만 대신 안정적이고 지속적으로 성장하는 영속이라는 보물을 얻을 수 있다.

만약 회사가 '직원의 행복'이라는 본래의 목적을 망각하면 눈앞의 이익에 흔들리게 된다. 그러면 직원의 행복은 우선순위에서 밀려나고 그럼 아무리 노력해도 원하는 보물 역시 손에 넣을 수 없다. 이익과 성과를 올리는 것은 회사 '본연의 목적'을 달성하기 위한 수단일 뿐이다. 무엇이 목적이고 무엇이 수단인지를 혼동하면 경영은 혼란에 빠질 수밖에 없다. 그러므로 항상 초심을 잃지 말고 수단과 목적을 분명히 해야 한다. 나 역시 회사를 경영해오면서 이를 늘 잊지 않으려 노력하고 있다.

일본 기업가 츠카코시 히로시의 『나이테 경영, 오래 가려면 천천히 가라』에 나오는 말이다.

목적: _____
수단: _____

목표와 목적

목표는 목적을 이루기 위해 구체적으로 해야 할 일이다. 정량적이고 기능적이다. 목적은 궁극적으로 도달하고자 하는 방향, 즉 지향점이다.

"목표가 뭐냐고 물어보면 승진하는 것, 매출이 두 배로 뛰는 것, 연봉 인상, 집 장만하는 것, 결혼 등을 얘기한다. 그런데 이게 목표일까? 이건 목표가 아니라 소원이다. 목표를 얘기하는 대신 소원을 얘기한다. 목표란 무엇을 갖는 게 아니다. 진정한 목표는 뭘 얻는 게 아니다. 무엇을 해야겠다, 무엇을 하고 싶다는 것이다. 페라리를 사는 건 목표가 아니다. 매일 30분씩 운동을 하겠다, 만나는 사람에게 친절하게 대하겠다 등이 목표다. 사장이 되겠다는 건 목표가 아니다. 사장이 된 후 무엇을 해야겠다는 게 진정한 목표다."

KG그룹 곽재선 회장이 한 말이다.

목표: _____
목적: _____

몰입과 매몰

진지해야 할 영양가 있는 일에 빠져드는 건 몰입이다. 몰입은 생산적이다. 사소한 일에 빠져들어 정말 소중한 걸 보지 못하는 것은 매몰이다. 매몰은 비생산적이다. 남는 게 없다.

몰입: _____

매몰: _____

무엇을 할 것인가와 무엇이 될 것인가

1.

의사, 변호사 같은 전문가 중에 뜻밖에 자기 직업에 만족하지 못하는 사람들이 많다. 무엇이 될 것인지에 초점을 맞춰 공부했지만 막상 된 이후에 무엇을 할지는 생각하지 않았기 때문이다. 그 일이 어떤 일인지, 내게 맞는지 같은 건 생각하지 않고 남의 기준에 맞춰 시간을 보냈기 때문에 벌어진 일이다. 정치인들도 그렇다. 국회의원이 되는 것이 목표였지 막상 의원이 된 후 무얼 할지는 고민하지 않는다. 대부분 제사보다는 잿밥에 관심이 많기 때문에 벌어진 일이다.

무엇을 하고 싶은지, 무엇을 할지를 고민하는 것이 먼저고 무언가 되는 것은 그다음 문제다.

2.

"세상의 불평등을 없애겠다."

전 세계은행총재 김용이 9세 때 무슨 일을 하고 싶으냐는 질문에 한 다짐이다. 될 성싶은 나무는 떡잎부터 다르다. 아버지는 실력을 중시하고 어머니는 그에게 늘 위대한 것에 도전할 것을 주문했다. 덕분에 의료 봉사를 열심히 했고 뜻하지 않게 지금 자리에 올랐다. 그는 늘 무엇이 될 것인지 What to be 생각하지 말고 무엇을 할 것인지 What to do 생각하라고 주문한다. 한 번도 어떤 자리에 오르거나 어떤 사람이 될 것인가에 관심을 두지 않았다. 늘 내가 무엇을 해야 하나에 관심을 두었다.

    우리는 어떤가? 무엇을 할 것인지는 별 관심이 없다. 대신 변호사가 되겠다고 하거나 국회의원이 되겠다고 고민하고 목숨을 건다. 그 자리에 오른 다음에도 무엇을 할 것인지는 별로 생각하지 않는 듯하다. 여의도에 있는 사람들을 볼 때마다 드는 생각이다.

무엇을 할 것인가: _____
무엇이 될 것인가: _____

문제 해결과 문제 정의

　문제를 해결하기 위해 가장 먼저 해야 할 일은 그 문제가 뭔지를 정확하게 정의하는 것이다. 이게 가장 중요하고 거기에 시간과 에너지를 써야 한다. 완벽하게 파헤쳐진 문제는 반은 해결된 것이나 마찬가지다. 하지만 대부분 사람들은 정의하는 대신 급한 마음에 문제를 해결하려 한다. 당연히 해결은 되지 않고 비슷한 문제가 반복된다. 이를 잘하기 위해서는 관찰하고 생각하는 훈련이 필요하다.

　문제 정의는 아무나 할 수 없다. 생각하는 파워가 있어야 가능하다.

문제 해결: _____
문제 정의: _____

문화와 분위기

문화culture는 조직 행동 방식의 근본 요소다. 사람들이 왜 그렇게 행동하는지, 왜 그렇게 행동할 수밖에 없는지 설명한다. 누가 뭐라고 하지는 않지만 사람들은 조직문화에 따라 행동한다. 문화는 조직의 지질학이다. 그랜드캐니언을 보라. 여러 색의 지층으로 되어 있다. 각 지층은 아주 오랜 기간 퇴적되었고 모여 자연물 전체가 만들어졌다. 문화 또한 이러한 바위의 층처럼 오랜 시간 동안 쌓이고 스며들어 형성된 것이다.

분위기climate는 다르다. 분위기는 현재의 일기예보 또는 특정 시점의 사기 또는 기류 같은 것이다. 오후에 폭풍이 몰아쳐도 내일 아침에는 밝은 해가 비치는 것처럼 날씨는 매일 바뀐다. 조직 분위기도 상황과 사건에 따라 얼마든지 바뀔 수 있다. 문화는 뿌리가 워낙 깊어서 쉽게 바뀌지 않는다.

문화: _____

분위기: _____

미션 중심과 과정 중심

히틀러는 1941년 12월 11일 미국에 선전포고를 했는데 그로부터 무려 3년 6개월이나 버틴 끝에 1945년 5월에야 항복했다. 미국, 소련, 영국을 주축으로 한 연합군의 엄청난 인적, 물적 우위에 맞서 독일군이 42개월이나 버틴 것이다. 독일군은 긴 전쟁 기간 내내 한결같이 최강의 전투력을 발휘했다. 이는 독일과 싸운 모든 나라가 인정하는 사실이다. 비결이 뭘까? 바로 임무 중심적 지휘 시스템 mission-oriented command system이다. 지휘관은 부하들에게 임무만 하달하고 그 수행을 위한 자세한 지시는 하지 않는다.

반면 미군의 지휘 시스템은 과정 중심적process-oriented이다. 지휘관이 수행해야 할 임무뿐 아니라 실행 지침까지 지시한다. 독일 히든 챔피언의 성공요인 중 최고는 바로 CEO의 리더십이다. 그들은 독일군 지휘관처럼 우선순위와 목표를 확실히 정한 뒤 실행을 위한 세부 사항은 직원들에게 맡긴다. 실제 일을 하는 사람은 부하 직원이므로 당연히 상관보다 어떻게 해야 하는가를 더 잘 안다. 이처럼 전쟁터나 경영 현장에서 개인의 솔선수범, 책임, 유연성 그리고 분

권화된 의사결정을 중시하는 독일 특유의 리더십 스타일은 현대 경영에서 그 진가를 발휘하고 있다.

미션 중심: _____

과정 중심: _____

민첩함과 성급함

 민첩함은 해야 할 일을 잽싸게 하는 것, 미루지 않고 미리미리 하는 것이다. 성급함은 서두르는 것, 우왕좌왕하는 것, 정신없이 사는 것이다. 출근 시간에 뛰는 것, 무리하게 신호를 건너는 것, 벼락치기로 뭔가를 하는 것, 뿌리자마자 거두려는 것, 뿌리지도 않고 거두려는 것이다.

민첩함: _____
성급함: _____

믿음과 사실

요즘 말하는 가짜 뉴스는 대부분 믿음과 사실을 구분하지 못하기 때문에 생겨난다. 믿음은 사실과 상관없이 그것을 믿는 것이다. 얼마든지 사실과 다를 수 있다. 사실은 글자 그대로 팩트다. 있는 그대로의 사실이다. 당연히 둘을 구분해야 한다. 그런데 믿음과 사실 중 어느 것이 힘이 셀까? 당연히 믿음이 강하다. 믿음 앞에서 사실은 힘을 쓰지 못한다. 증거는 마음 문을 닫은 사람 앞에서는 무용지물이다. 그는 보이는 걸 믿는 게 아니라 믿는 것만 보기 때문이다.

믿음: _____

사실: _____

ㅂ, ㅅ

반대말

감사의 반대말

감사의 반대말은 당연함이다. 지금까지 당연하게 여겨왔던 것들을 한번 돌아보자. 눈을 감고 그것이 없을 때를 상상해보자. 당연했던 것들이 소중해지면서 감사하게 된다. 감사는 풍성한 삶과 연결된다. 다치지 않고 무사히 하루를 보냈음에 감사하자. 깨끗한 공기와 마실 물에 감사하자. 웃을 수 있음에 감사하자. 그저 살아 있음에 감사하자. 맑은 공기조차 당연하지 않은 세상이다. 이 세상에 당연한 것은 없다. 모임 '글쓰는 사람이 세상을 바꾼다'의 멤버인 김연의의 글이다.

겸손의 반대말

교만이 아니라 무지다. 많이 아는 사람은 겸손할 수밖에 없다. 모르는 사람은 자신이 무엇을 모르는지를 모른다. 우물 안 개구리처럼 자신을 대단한 존재로 착각해 온갖 어리석은 짓을 한다.

고독의 반대말

외로움이다. 만약 고독을 발견하지 못하면 외로울 수밖에 없다. 외로움에서 벗어나는 길은 고독을 끌어안는 것이다. 외로움을 고독으로 극복하라.

앤젤 투자자이자 비즈니스 코치인 존 피치John Fitch와 맥스 프렌젤Max Frenzel이 공저한 『이토록 멋진 휴식』에 나오는 말이다.

균형의 반대말

외줄 타기, 한 발로 걷기, 올인하기, 치우침이다.

기억의 반대말

보통 망각이라고 생각한다. 아니다.

"기억의 반대말은 상상이다."

오늘날 이스라엘을 만든 시몬 페레스Shimon Peres의 말이다. 히브리말로 상상은 반대편에 서는 걸 뜻한다. 내 말을 따르라는 것이 아니고 다른 편에 서라는 것이다. 이 덕분에 많은 벤처가 성공하는 것 같다. 이들은 기억하는 것보다 상상하는 걸 좋아한다.

기억은 과거지향적이다. 과거에 일어났던 일을 잘 떠올리는 게 기억이다. 상상은 미래지향적이다. 지금은 보이지 않고 아직 오지 않았지만 미래를 지금 시점으로 당겨 미리 그려보는 것이다. 기억 속에 살고 있는가, 아니면 상상 속에 살고 있는가? 누구의 미래가 더 빛날 것 같은가?

다양성의 반대말
끼리끼리다.

두려움의 반대말
믿음이다. 『성경』에는 두려워 말라는 말이 80번 정도 나온다. 두려움은 인간의 본질이다. 걱정하는 게 인간이다. 두려움의 반대말은 믿음이다. 믿음이 흔들리면 두려움이 찾아온다.

리더십의 반대말
개별 성과자다.

멋진 인생의 반대말
편한 인생이다.

무사안일의 반대말
유비무환이다.

바쁜 것의 반대말
부지런한 것이다.

박제의 반대말
진화다. 뭐든 박제해 놓으면 썩는다. 전통도 그렇다. 전통을 유리 진열장에 박제하면 썩는다. 과거를 돌아보되 앞으로 나아가야 한다. 전통과 진화는 모순된 것 같지만 동일한 사물의 양면이다.

사랑의 반대말
무관심이다.

선의 반대말
"선의 반대말은 악이 아니라 최선인지도 모른다. 최선이라는 말에는 스스로 강하다는 사실을 확신하는 오만과 자기기만이 있다. 최선이 위험한 것은 물러설 자리를 예비하지 않기 때문이다. 비타협적 선이라는 말은 없다. 왜냐하면 선이란 바로 조화를 뜻하는 말이니까. 악은 선을 가장할 때 가장 악하다. 그리고 최악의 폭군은 모든 이의 가슴 속에 길이길이 남으려는 사람이다."

영화평론가 이동진이 한 말이다.

성공의 반대말
타성이다. 타성에 길드는 이유는 실패가 두려워 시도하지 않기 때문이다. 미래학자이자 벤처기업가인 스티브 사마티노Steve Smmartino는 저서 『넥스트 위너』에서 성공의 반대는 실패가 아니라 타성이라고 했다. 손해에 대한 두려움, 반대에 대한 두려움, 다른 시선에 대한 두려움을 이겨낸 사람만이 살아남고 성공의 기쁨을 맛볼 수 있다.

배우 윤여정은 한 인터뷰에서 "내가 제일 무섭고 두려운 것은 타성에 젖고 익숙해지는 것이다."라며 타성에 젖지 않기 위해 비슷한 역할은 피한다고 했다. 이것이 그녀가 배우 생활을 50년간 이어올 수 있었던 이유다.

모임 '글쓰는 사람이 세상을 바꾼다'의 멤버 김자옥의 글이다.

소유의 반대말

무소유가 아니라 공유다.

소통의 반대말

파문excommunication이다. 조선의 경우는 위리안치圍籬安置란 벌이다. 일정한 테두리 안에 편히 모신다는 말이지만 일종의 가택연금이다. 핵심은 소외다. 밖에서 잠근다. 편의를 제공하면 제공자는 벌을 받는다. 서신을 교환할 수 없다. 외부인과 말을 하면 안 된다. 식자재는 열흘에 한 번 공급하고 식수는 우물을 파서 해결해야 한다.

소통의 천적

권위주의다. 권위주의는 커뮤니케이션의 천적이며 대척점에 있다. 권위주의는 커뮤니케이션을 줄이고 단절시키는 경향이 있다. 권위주의가 판을 치는 조직에서는 커뮤니케이션이 원활하게 이루어질 수 없다. 말을 하기 전에 눈치를 봐야 하기 때문이다. 말의 내용보다는 이 얘기가 상대에게 어떤 영향을 줄지, 그 사람 기분을 상하게 하지는 않을지에 신경을 써야 한다. 강한 아버지가 있는 집에 사는 사람은 아버지 눈치를 보느라 할 얘기를 제대로 하지 못한다. 얘기를 해서 칭찬을 받을 확률보다는 야단맞을 확률이 높다고 생각하면 사람들은 입을 열지 않는다.

안다의 반대말

안다는 착각이다. 모르면서 안다고 착각하며 사는 것이다. 무언가를 알기 위해서는 내가 무언가를 모른다는 인지가 있어야 한다. 무지가 알기 위한 전제조건인 것이다. 그런데 대부분 사람은 모르면서 안다고 착각한다. 당연히 알려는 노력을 하지 않고 무지의 늪에서 살다 간다. 무지를 깨닫기 위해서는 세 가지 질문을 해야 한다. 내가 아는 건 무엇인가? 내가 모르는 건 무엇인가? 내가 알아야 하는 건 무엇인가?

애국심의 반대말

지나친 애국심이다. 민족주의다. 민족주의란 무엇일까? 자기 나라만을 지나치게 사랑하는 것 아닐까? 그건 폐쇄성과 배척으로 나타난다. 결국 부메랑처럼 자기 나라를 가장 크게 해친다.

"민족주의는 애국심의 배신이다."

프랑스의 대통령 에마뉘엘 마크롱Emmanuel Macron이 한 말이다.

우연의 반대말

보통 필연을 연상한다. 내 생각은 다르다. 우연은 사실 필연이다. 세상에 우연은 없다. 우연처럼 보이지만 사실은 필연이다. 우연을 가장했지만 사실 그런 일이 일어날 수밖에 없는 것이다. 우연히 친구 따라 노래자랑에 나갔다 발탁이 됐다? 우연일까, 필연일까?

어쩌다 마주친 그대 모습에 반했다. 우연일까, 필연일까?

임파워먼트의 반대말
파워리스powerless다.

자유의 반대말
구속이 아니라 타성이다. 그래서 변화는 힘든 것이다.

자존감의 반대말
자존심이다. 자존감이 낮으면 자존심이 자주 상한다. 반대로 자존감이 높으면 자존심이란 말을 하지도 않고 자존심이 상하는 일도 일어나지 않는다. 그런 면에서 자존감의 반대말은 자존심이다. 자존감이 높은 사람은 스스로에 대한 자부심이 있기 때문에 남의 시선에 예민하지 않다. 남의 말에 일희일비하지 않는다. 누가 칭찬한다고 우쭐하지도, 누가 비난한다고 화내지 않는다. 자존심은 자부감의 반대다. 자존심이 세다는 말은 뒤집어 생각하면 자부심이 낮고 열등감이 크다는 말이다. 숨기고 싶은 것도, 남이 몰랐으면 하는 것도 많다.

장점의 반대말
약점이 아니다. 지나친 장점이 약점이다. 장점 그 자체가 지나치면 그 사람의 약점이 된다. 빠른 의사결정 덕에 회사가 성장했지만, 바로 그 속도 때문에 문제가 생기고 직원들이 힘들어질 수 있다. 세상만사가 다 그렇듯 뭐든 지나치면 문제가 된다. 배려도 지나치면 답답하고 소신 없는 사람이 되고 소신이 지나치면 독불장군이 된다. 장점을 발전시키라는 말을 많이 한다. 맞는 말이다. 하지만 늘 지나친 것을 조심해야 한다. 어떤 약이든 약에는 언제나 부작용이 따르는 법이다.

준비의 반대말
방심이다.

진실의 반대말
"진실의 반대말은 거짓이 아니라 확신이다. 과도한 신념은 거짓말보다 더 위험한 진리의 적이다." 프리드리히 니체Friedrich Wilhelm Nietzsche의 말이다. 진실의 반대말은 지나친 확신이다.

질투의 반대말
콤퍼전compersion이다. 영어로 폴리아모리 비욘드 질로시polyamory beyond jealousy다. 한 번에 여러 명을 동시에 사랑하는 사람을 뜻하는 폴리아모리가 쓰는 단어다. 내가 사랑하는 사람이 자기 외의 다른 사람과 행복한 걸 보면서 행복을 느낀다는 말이다.

차별의 반대말
인정이다. 그 사람을 집단의 구성원이 아니라 하나의 인격체로 보는 것이다.

창의성의 반대말

두려움이다. 두렵기 때문에 새로운 것을 시도하지 않고 그러면 창조할 수 없다. 새로움의 반대말도 두려움이다. 호기심의 적 역시 두려움이다.

하고 싶은 일의 반대말

하기 싫은 일이 아니라 해야만 하는 일이다.

현재의 반대말

과거? 미래? 둘 다 아니다. 현재 이 순간을 느끼지 못하는 것이다. 현재 이 순간에 존재하지 못하는 것이다. 당신은 현재 존재하는가?

행복의 반대말

익숙함이다. 20년 산 아내를 볼 때마다 가슴이 설레는가? 만약 그렇다면 당장 심장검사를 받아야 한다. 심부전증일 가능성이 크다. 아무리 아내를 사랑해도 20년 이상 살면 가슴이 설레지 않는다. 그게 당연하다. 익숙하기 때문이다. 어렵게 취직을 한 첫 월급날은 가슴이 설렌다. 그런데 5년쯤 지나면 월급날이 더 이상 가슴이 설레지 않는다. 익숙하기 때문이다. 그런 면에서 행복의 반대말은 익숙함이다. 아무리 좋은 것도 익숙해 일상이 되면 더 이상 가슴이 설레지 않는다.

훈련의 반대말
길드는 것이다.

희망의 반대말
　희망의 반대말은 넘치는 희망이다. 항상 희망을 얘기하고 머릿속이 희망으로 가득 찬 사람은 역설적으로 현실이 시궁창일 가능성이 크다. 길거리에서 전단을 나눠주며 전도하는 아주머니들을 보라. 그들이 행복해 보인다고 생각하는 사람은 없을 것이다. 가치의 과대평가에 매몰된 사람은 궁색하고 측은해 보인다. 희망은 좋지만 희망이 넘치는 사회는 절망적이다. 내가 가장 안전하다고 생각하는 곳이 내 무덤이 될 공산이 크다. 민물고기가 가장 안전하다고 생각하는 곳이 낚시꾼에게는 절호의 포인트인 것처럼 내가 가장 현명하다고 판단하는 삶의 태도가 실은 나를 가장 위험하게 할 수 있다. 배상문의 『비유의 발견』에 나오는 말이다.

발전과 파괴

발전發展은 펼 발發과 펼칠 전展이다. 전展자를 파자하면 죽을 시尸에 길 장長이다. 펼치고 발전하기 위해서는 먼저 파괴해야 한다는 것이다.

발전: _____
파괴: _____

밥벌이와 돈벌이

　유대인은 13세부터 경제 마인드를 가지고 독립적으로 재테크를 시작한다. 성인식에서 받은 돈으로 주식투자를 하고 채권을 산다. 경제 동향과 기업에 관해 조사하고 공부한다. 성인식 때 받은 돈이 대학을 졸업하고 사회에 나갈 무렵이면 몇 곱절 불어나 있다. 보통 유대인은 그때쯤 몇억 원씩 갖고 출발한다. 돈이란 버는 것이 아니라 불리는 것이라는 걸 실전을 통해 깨닫는다. 어떻게 벌 것인가보다 어떻게 불릴 것인가를 생각한다.
　우리가 밥벌이를 할 때 그들은 돈벌이를 하는 것이다.

밥벌이: _____
돈벌이: _____

배우는 것과 가르치는 것

뭔가를 배우고 싶은가? 그럴 때는 다음 네 가지를 생각해보라. '뭔가를 배우고 싶다. 배우려는 마음이 그저 그렇다. 뭔가를 가르치고 싶다. 가르치고 싶은 생각이 별로 없다.' 이를 토대로 네 가지 옵션이 있다. 배우려는 마음이 별로인 학생에게 열심히 가르치는 건 안타까운 일이다. 선생의 마음은 이해하지만 생산성은 낮다. 배우려는 마음이 없는 학생에게 대충 가르치는 것은 좀 낫다. 어차피 마음이 없는 사람이니까 한쪽은 배우는 척하고 다른 한쪽은 가르치는 척하면 된다. 생산성은 역시 낮지만 마음의 상처는 입지 않는다. 다음은 배우려는 열정이 강한 학생에게 열심히 가르치는 것과 대충 가르치는 것이 있다. 최선은 배우는 학생도 가르치는 선생도 열심이라고 생각한다. 그런데 이게 최선일까?

옛날 사람들 생각은 달랐던 것 같다. 그들은 배우고 싶다고 자기가 아는 걸 함부로 가르치지 않았다. 배우고 싶은데 가르쳐주지 않으니까 어떻게든 스승이 가진 걸 알아내려고 애를 썼다. 어깨 너머로도 배우고 몰래 스승의 동작을 따라 하기도 했다. 무엇이 옳은

지 그른지는 알 수 없다. 하지만 확실한 한 가지 사실은 있다. 뭔가를 배우려 할 때 가르치는 사람보다는 배우려는 사람의 마음가짐이 더 중요하단 것이다. 그 마음이 절실하면 스승은 곳곳에 존재한다. 모든 것에서 배울 수 있다. 하지만 뛰어난 스승과 같이 있어도 그런 마음이 없으면 아무것도 배울 수 없다.

배우는 것: _____
가르치는 것: _____

배움과 깨우침

유난히 싫어하고 가리는 게 많은 사람이 있다. 먹는 것도 그렇고 사람도 그렇다. 되는 것보다는 안 되는 게 많다. 이건 이래서 안 되고 저건 저래서 싫고. 뭔 안 되는 게 그렇게 많은지 알다가도 모를 일이다. 왜 그들은 그럴까? 미워하고 싫어하는 게 많다는 건 어떤 의미일까? 그만큼 편견과 고정관념이 많다는 얘기 아닐까?

사람이 싫은 것도 그렇다. 오다가다 만나는 사람 사이에 뭐 그리 좋고 싫을 게 있는가? 같이 회사에 다니는 것도 아니고 그 사람이 같이 살자는 것도 아니다. 뭔가를 배우고 경험하는 학學은 필터가 많아지는 과정이다. 깨우침의 과정은 거기로부터 자유로워지는 과정 아닐까? 노자의 위학일익爲學日益 위도일손爲道日損이 그런 뜻일 것이다. 배운다는 것은 더해가는 것이고 도道라는 건 비우는 과정이란 말이다.

배움: _____

깨우침: _____

버는 것과 쓰는 것

　주변에 부자들이 제법 있다. 물려받아 부자가 된 사람, 자기 힘으로 사업을 일으켜 부자가 된 사람, 전문 경영인으로 성공해 부자가 된 사람, 부동산 투자로 부자가 된 사람 등등. 부자가 되는 방법은 참 다양하단 생각을 한다. 하지만 돈을 멋지게 쓰는 사람은 별로 없다. 나이도 제법 있고 은행 잔액에 몇십억 원이 있어 매년 몇억 원씩 써도 돈이 남아있지만 늘 절세와 투자에만 관심이 있는 사람이 많다. 쓸 시간이 얼마 안 남았는데 왜 저렇게 더 돈을 벌려고 할까? 아마 버는 것 자체에서 기쁨을 느끼기 때문인 것 같다. 난 그 사실을 통해 돈을 버는 것보다 돈을 잘 쓰는 게 훨씬 어렵다는 사실을 배웠다. 사실 돈의 주인은 돈을 쓰는 사람이다. 돈이 많지만 아직도 돈을 벌려고 애쓰는 사람은 돈의 노예다. 이만하면 됐다는 생각으로 어떻게 돈을 잘 쓸까 궁리할 때 비로소 돈의 주인이 되는 게 아닐까?

　그런 면에서 감리교를 만든 존 웨슬리 John Wesley 목사의 말이 도움이 된다. 그가 돈에 대해 가진 생각은 세 가지다. 첫째, 할 수 있는 한 돈을 벌어라. 단 남에게 해를 끼치면서까지 벌어서는 안 된다. 둘째, 할 수 있는 한 저축하라. 낭비와 육체의 소욕, 허영의 만족을 위해서는 소비하지 말아라. 셋째, 할 수 있는 한 돈을 잘 쓰라. 세 번째가 가장 어려운 것 같다. 어떻게 하면 돈을 잘 쓸 수 있을까? 돈도 별로 없는 내가 이런 고민을 한다는 사실이 우습다.

버는 것: _____
쓰는 것: _____

벌너러블과 위크니스

취약성 관련해 가장 많이 나오는 말은 '벌거벗은 느낌'이다. 무대 위에서 벌거벗은 느낌, 모두 옷을 입고 있는데 나 혼자만 벗은 느낌을 뜻한다. 벌너러블Vulnerable은 라틴어 '상처 입다'는 뜻의 불네라레Vulnerare에서 출발했다. '상처 입을 가능성이 있는, 공격을 당하거나 피해당할 수 있는'이란 뜻이다. 공격이나 상처를 견뎌낼 수 없다는 뜻의 나약함 위크니스Weakness와는 다른 개념이다. 자신이 취약하다는 것을 인지하는 사람, 자신이 처한 위험과 노출 정도를 인정할 수 있는 사람이 사실은 건강하다. 취약성을 인정하는 것이 핵심이다.

어른이 된다는 것은 자신이 약하다는 사실을 인정하는 과정이다. 살아 있는 한 우리는 약할 수밖에 없다. 그렇기 때문에 용기를 내 자신의 수치심을 들여다볼 수 있어야 한다. 취약성과 수치심은 함께 다닌다. 어둠을 탐색할 용기가 있어야 우리가 가진 빛을 발견할 수 있다. 사람들은 불편한 화제를 피하려 한다. 하지만 사실은 불편한 얘기를 해야 거기서 자유로워질 수 있다. 휴스턴대학교 사회복지대학원 연구교수인 브렌 브라운Brené Brown의 『마음가면: 숨기지 마라, 드러내면 강해진다』에 나오는 말이다.

벌너러블: _____
위크니스: _____

벤치마킹과 퓨처마킹

상대의 잘하는 점을 공부해서 흉내내는 것이 벤치마킹이다. 한때 유행했던 경영 기법이다. 그런데 이 방법은 별로 내키지 않는다. 남을 쫓아한다고 그대로 되는 것도 아니고 남을 쫓으면 영원히 2등밖에 되지 않기 때문이다.

난 대신 현대 경영학의 구루 톰 피터스Tom Peters가 강조했던 퓨처마킹을 추천한다. 퓨처마킹은 미래의 시점에서 현재를 보는 것이다. 그러기 위해 이런 질문을 던져야 한다. 지금은 당연하지 않지만 미래에 당연해질 것은 무얼까? 지금은 당연하지만 미래에는 당연하지 않은 건 무얼까? 예전에 물을 사 먹는 건 상상할 수 없었지만 지금은 모두가 사 먹는다. 어떤 것이 있을까?

벤치마킹: _____

퓨처마킹: _____ _____

보균자와 면역자

병원에서 B형 간염 보균자란 얘기를 듣고 기분이 나빠 술을 끊은 사람을 만난 적이 있다. 그는 보균자란 말이 너무 듣기 싫었다고 고백한다. 나쁜 세균을 가진 사람이 술까지 마시면 안 된다는 생각에 술을 끊었다는 것이다. 주변에 자기처럼 그 얘길 듣고 기분 나빠하는 사람이 많단다. 알고 보니 나쁜 의미가 아니었다. 요즘은 보균자 대신 면역자란 이름을 쓴다. 같은 의미지만 이름을 어떻게 붙이느냐에 따라 이렇게 달라지는 것이다.

보균자: _____
면역자: _____

봉변과 능변

　세상은 끊임없이 변한다는 사실만이 변하지 않는 사실이다. 이 뻔한 사실을 우리는 자주 잊고 예전 방식으로 산다. 공부를 잘하면 적성과는 무관하게 법대나 의대를 가야 한다고 생각한다. 안정적이란 이유로 공무원을 하려고 한다. 취직한 후에는 아무 노력을 하지 않고 되는 대로 산다. 그러다 어느 순간 이게 아니란 사실을 깨닫지만 이미 때는 늦었다. 이게 봉변이다. 그래서 봉변이란 단어 뒤에는 늘 당했다는 말을 쓴다. 세상은 변하는데 자신은 변하지 못했기 때문에 일어나는 일이다.

　능변은 다르다. 변화를 늘 예의주시하면서 거기에 맞춰 자신을 끊임없이 변화시킨다. 당연히 변화의 파도를 활용해 자신도 발전한다. 변화라는 파도에 떠밀려 힘든 생활을 할 것인지, 아니면 서핑을 하면서 멋지게 살 것인지는 각자의 판단이다.

봉변: _____

능변: _____

복잡한 것과 난해한 것

복잡complex이란? 열대우림에서 일어나는 일이 그렇다. 변수의 연결성과 오픈시스템 때문이다. 난해complicated라는 것은 이렇다. 페라리에 이상이 생겨 시동이 걸리지 않는다면 일반인이 보닛 뚜껑을 열어봤자 할 수 있는 일이 없다. 이럴 때는 전문가에게 맡겨야 한다.

명백한 것, 난해한 것, 복잡한 것을 구분해야 한다. 명백한 건 권한 위임을 해야 한다. 난해한 것은 외부 전문가의 조언을 구해야 한다. 복잡한 것은 변화를 주시하면서 거기에 맞게 최적의 의사결정을 해야 한다.

복잡한 것: _____
난해한 것: _____

부지런함과 바쁨

부지런함은 좋지만 바쁨은 나쁘다. 리더가 일에 허덕이고 있으면 팀원들은 말 붙이기도 미안하고 조심스럽다. 혼자 알아서 하게 되고 상의는 줄어든다. 상의할까 말까 검열하게 된다. 목적에 어긋난 방향으로 프로젝트가 진행되어도 한참 후에 알게 된다. "나 지금 바쁘니까 나중에 들을게요." 이런 말을 듣는다면 팀원은 할 말과 안 할 말을 고민하게 된다. 어떤 얘기라도 할 수 있어야 한다. 바쁘면 급한 일에 밀려 정작 중요한 일은 못 한다.

리더는 일의 양을 조절할 수 있어야 한다. 그게 일이고 능력이다. 누구 탓을 할 수 없다. 바쁜 일에 밀려 중요한 일이 밀리지 않도록 최소한의 여유는 가져야 한다. 위임할 일은 위임하고, 몰라도 되는 일은 적극적으로 몰라야 한다. 중요도가 떨어지는 일은 중지해야 한다.

부지런함: _____

바쁨: _____

부패와 발효

부패는 썩은 것이고 발효는 삭은 것이다.

부패: _____
발효: _____

부화와 계란프라이

　부화는 알을 자기 힘으로 뚫고 나오는 것이다. 생명의 탄생이다. 고통스럽지만 그 과정이 있어야 생명이 존재한다. 고치를 뚫고 나와야 나비가 될 수 있다. 사람의 성장도 이와 같다. 고통스러운 과정이 필요하다. 고통 없이 성장할 수는 없다.

　고통이 싫어 그런 과정을 피한다면 어떤 일이 벌어질까? 다른 사람 손에 의해 계란프라이가 될 수밖에 없다. 자신의 삶이 아닌 다른 사람을 위한 삶을 살게 된다.

부화: _____

계란프라이: _____

불만과 욕심

　불만이 가득 찬 사람들이 많다. 입을 쭉 내밀고 못마땅한 표정으로 지낸다. 내년 이맘때 이 사람에게 어떤 일이 일어날까? 살림이 폈을까, 아니면 불만거리가 줄어들었을까? 둘 다 아니고 몸만 망가졌을 가능성이 높다. 그런데 이런 사람들에게 뭐가 하고 싶은지, 어떤 목표가 있는지 물어보면 뾰족한 그 무엇이 없는 경우가 많다. 별다른 욕심이 없고 특별히 하고 싶은 것도 없단다. 싫어하는 걸로는 변화할 수 없다.

　사람은 욕심이 있어야 한다. 뭔가 하고 싶은 게 있어야 한다. 그래야 공부를 하면서 서서히 변화할 수 있다. 탐貪해야 탐探할 수 있고 공부해야 얻을 수 있다.

불만: _____
욕심: _____

불안과 두려움

불안은 미래가 불확실해서 앞으로의 일을 통제할 수 없다는 것에 대한 걱정이다. 두려움은 달리는 차의 브레이크가 고장나 위험이 코앞에 닥쳤다는 뚜렷한 느낌이다. 두려움은 현재의 감정이고 불안은 미래의 감정이다.

불안: _____

두려움: _____

불위와 불능

불위不爲는 할 수 있지만 하지 않는 것이다. 불능不能은 할 능력이 없는 것이다.

불위: _____

불능: _____

비관과 낙관

아무 생각 없이 가만히 있다 보면 자꾸 나쁜 쪽으로 생각하게 된다. 비관적인 생각을 하게 되고 기분이 가라앉는다. 그런 면에서 비관은 기분이다. 사실은 아닌데 자꾸 그런 기분이 들기 때문이다. 낙관이란 별다른 근거는 없지만 잘될 거라고 스스로에게 하는 다짐이다. 자리를 떨치고 일어서 밖으로 나가고 걷고 뭔가 일을 시작하는 것이다. 그런 면에서 낙관은 의지에 가깝다.

인생을 낙관적으로 살 것인가, 비관적으로 살 것인가? 우리의 선택이다. 바람이 분다고 불평하면 비관주의자, 바람의 방향이 바뀌길 기대하면 낙관주의자, 바람 방향에 맞춰 돛을 조정하면 현실주의자다.

비관: _____

낙관: _____

비와 애

비悲는 일시적이고 옅은 슬픔이라면 애哀는 슬픔보다 서러운 또는 설움에 가깝다. 슬픔이 비교적 짧게 지나가는 감정인 데 비해 설움은 웬만해서는 사라지지 않는 길고도 깊은 감정이다. 애절, 애원, 애걸복걸에 쓰인다.

비: _____
애: _____

비판, 비난, 비방

비판批判은 비평할 비批와 판단 판判이다. 비평을 통해 판단을 바로잡는다는 말이다. 그 사람이 아닌 그 사람의 판단에 이의를 제기하는 것이다. 비판을 주고받으면서 판단의 오류가 줄어들고 정확해진다. 건설적 측면이 강하다. 비난非難은 아닐 비非와 꾸짖을 난難이다. 그 사람의 잘못과 결점에 대해 그건 아니라고 꾸짖는 것이다. 비판과 비슷해 보이지만 부정적 측면이 강하다. 그 사람의 판단보다는 그 사람 자체를 평가하는 측면도 있다.

비방誹謗은 비방할 비誹에 헐뜯을 방謗이다. 앞뒤 가리지 않고 마구 그냥 헐뜯는 것이다. 그 사람의 장점이건 단점이건 가리지 않고 그 사람에 대해 욕을 하는 것이다. 인터넷의 악성 댓글은 대부분 비방인 경우가 많다. 주인공이 아무리 선한 일을 해도 쇼를 한다고 비방할 게 틀림없다. 비판인지, 비난인지, 비방인지를 잘 구분해야 한다.

비판: _____
비난: _____
비방: _____

빠른 것과 민첩한 것

빠른 건 스피드다. 한 방향으로 아주 빨리 가는 게 빠른 것이다. 민첩함은 애자일agile이다. 한 방향으로 빠른 게 아니라 순간순간 필요에 따라 방향을 바꾸는 능력이다. 잽싸게 전략을 수정하는 것이다. 치타는 빠른 동물의 대명사다. 보통 시속 120킬로미터까지 달릴 수 있다. 아프리카의 케이프토끼는 시속 72킬로미터 이상은 달리지 못하지만 치타가 그를 잡지 못한다고 한다. 이유는 케이프토끼는 순간순간 방향을 잘 바꾸고 전환 속도가 치타보다 월등하기 때문이다.

약자의 강점은 빠른 게 아니라 민첩함이다. 민첩敏捷은 빠를 민, 이길 첩이다. 빠르기 때문에 이긴다는 말이다. 글자 안에 이미 이긴다는 의미가 포함되어 있다. 삼성인력개발원 부원장을 역임한 신태균의 저서 『인재의 반격』에 나오는 내용이다.

빠른 것: _____
민첩한 것: _____

사과와 감사

사과㈜過는 과오를 말하는 것이고 감사感謝는 감동한 것을 말하는 것이다. 둘 다 말로 쏟다는 공통점이 있다.

사과: _____

감사: _____

사는 것과 생존하는 것

내 인생을 제대로 살고 있는 것일까? 죽지 못해 억지로 사는 건 아닐까? 아니면 하루하루를 즐겁고 행복하게 살고 있는 것일까? 사는 것live과 생존하는 것exist의 차이는 무엇일까? 둘을 가르는 결정적 차이는 무엇일까? 바로 선택이다.

내가 선택한 삶을 사는 것이 사는 것이고 남이 선택한 삶을 사는 것은 생존 아닐까? 내가 원하는 일을 하면 사는 것이고 원하지는 않지만 먹고살기 위해 억지로 하면 생존이 아닐까? 내가 사랑하는 사람과 살면 사는 것이고 원수와 마지못해 살면 생존이 아닐까? 산다는 건 만만치 않은 일이다. 온갖 일을 다 겪으면서 살아내야 할 때도 있다. 하지만 언제까지 그렇게 살 수는 없다. 그건 사는 것이 아니다. 여러분은 현재 살고 있는가, 아니면 생존하고 있는가? 어떻게 하면 제대로 사는 것이라고 생각하는가?

사는 것: _____

생존하는 것: _____

사다리와 정글짐

커리어 관리에 관한 관심이 높아지고 있다. 커리어 관리를 잘해야 몸값도 올라가고 기회의 문이 넓어지기 때문이다. 여러분이 생각하는 커리어 관리의 정의는 무엇인가? 지금의 방식으로 여러분이 원하는 커리어에 도달할 수 있을까? 예전에는 커리어 하면 사다리를 연상했다. 한 단계씩 올라갔기 때문이다. 과장에서 부장으로, 부장에서 임원으로……

미래는 어떨까? 미래의 커리어는 정글짐에 해당한다. 위로 올라가는 대신 옆으로 왔다 갔다 하기 때문이다. 이 일을 하다 저 일을 하고 기업에 있다 공기관에 가고 변호사가 의사 면허를 따는 식이다. 물론 정답은 없다. 그런데 일리가 있다는 생각이다.

사다리: _____
정글짐: _____

사랑과 연민

결혼이란 오래 같이 살아서 생애를 이루는 것이다. 힘들어도 꾸역꾸역 살아내야 한다. 그러기 위해서는 사랑보다 연민이 더 소중한 동력이 된다. 불같은 사랑이나 마그마 같은 열정은 오래 못 간다. 사랑이란 대개 이기심이 섞이게 마련이고 뜨거운 열정은 그 안에 지겨움이 들어 있어 쉽게 물린다.

연민은 서로 가엾이 여기는 마음이다. 연민에는 이기심이 들어 있지 않다. 그러므로 사랑이 식은 자리를 연민으로 메우면 긴 앞날을 살아갈 수 있다. 사랑은 단거리고 연민은 장거리다. 빚쟁이처럼 사랑을 내놓으라고 닦달하지 말고 서로 가엾이 여기면서 살아라. 소설가 김훈이 한 말이다.

사랑: _____

연민: _____

사실과 의견

『워싱턴포스트』에는 '사실과 의견의 분리' 원칙이 있다. 글자 그대로 사실과 사실에 대한 의견을 구분하라는 것이다. 쉬워 보이지만 절대 쉽지 않다. 한국의 신문들도 이런 원칙을 지키려고 애를 쓴다. 기사記事라는 말 자체가 있는 사실에 대한 기록이고 기자記者라는 직업 또한 사실을 전달하는 사람이다. 논설은 다르다. 논설은 의견을 내는 곳이다. 그래서 보통 논설위원실은 편집국과 분리해 사장 직속으로 한다. 이런 원칙을 지키기 위해서다. 사설이 신문사 입장을 밝히는 글이라면 칼럼은 개인 의견을 밝히는 글이다.

미국 CBS에서 앵커 생활만 20년 넘게 한 댄 래더Dan Rather는 『데드라인과 데이트라인Deadlines and Datelines』에서 "독자가 기자에게 원하는 것은 의견이 아닌 사실이다."라고 주장했다. 의견과 사실을 구분해야 한다. 세상이 혼란스러운 이유는 사실보다는 의견이 너무 많기 때문이다.

사실: _____

의견: _____

상관관계와 인과관계

초콜릿 소비량과 1,000만 명당 노벨상 숫자의 관계에 대한 그래프를 본 적이 있다. 2012년 미국 컬럼비아대학교의 프란츠 H. 메저리Franz H. Messerli 박사가 『뉴잉글랜드 의학 저널』에 발표한 것이다. 스웨덴이 일등이다. 이어 스위스, 덴마크, 노르웨이, 영국, 독일, 오스트리아 등등 줄줄이 서 있다. 대부분 유럽의 잘사는 국가들이다. 제일 적게 먹는 나라는 중국, 일본, 브라질, 포르투갈 등이다. 상관관계가 무려 0.79다. 아주 높다. 비슷하게 고급 차와 노벨상 수상과도 관련이 높다. 무려 0.85다.

노벨상 타는 거 어렵지 않겠다. 아주 간단하다. 초콜릿을 많이 먹고 고급 차를 몰면 된다. 그런데 그렇게 한다고 노벨상을 탈 수 있을까? 둘 사이를 상관관계라 부른다. 상관이 있다는 것이다. 상관은 있지만 원인은 아니란 것이다. 그래서 상관관계와 인과관계를 구분해야 한다.

상관관계: _____
인과관계: _____

상의하달과 하의상달

위에서 일방적으로 하는 지시는 나쁘고, 자발적으로 아래에서 위로 올라가는 정보는 좋은 것이란 고정관념을 갖고 있다. 그런데 그게 과연 옳을까? 그렇지 않다. 상황에 따라 다르다. 사원의 질이 높고 자발성이 크고 교육이 잘된 회사의 경우는 하의상달이 효과적이다. 하지만 사원의 수준이 낮고 자발성이 낮으면 상의하달이 효과적이다. 때와 상황에 따라 다르다.

상의하달: _____

하의상달: _____

상처와 성장

둘은 동의어다. 아픈 만큼 성장하기 때문이다. 물론 모든 경우에 해당하지는 않는다. 아픈 만큼 무너지는 사람도 있다. 성장이란 무엇일까? 언제 가장 크게 성장할까? 상처 없이 성장할 수 있을까? 상처 없이 성장하면 최선이겠지만 그런 일은 쉽게 일어나지 않는다.

대부분 성장은 상처를 딛고 일어설 때 일어난다. 상처가 있어야 성장할 수 있는 것이다. 넘어지지 않고 걷는 어린아이를 본 적이 없다. 누구나 다 넘어지면서 나중에 걷게 된다. 넘어지지 않으면 걷지 못한다. 그런 면에서 상처와 성장은 동의어다. 링에 오를 때는 얻어맞을 각오를 해야 한다.

상처: _____
성장: _____

새로운 것을 좇는 것과 새로워지는 것

난 유행에 민감한 사람을 의심한다. 왜 유행에 그리 민감한 것일까? 스스로의 모습에 자신이 없기 때문 아닐까? 스스로 생각해도 별 자신이 없으니까 늘 다른 사람 눈에 비친 자신의 모습에 예민해지는 건 아닐까? 대부분 사람들은 자신은 새로워지지 않으면서 주변의 새로운 것만 좇는다.

새로운 것을 좇는 것: _____
새로워지는 것: _____

생각과 마음

"다리가 부러진 제비를 고쳐주고 싶은 건 흥부의 마음이다. 이심전심이다. 마음과 마음이 통하는 것이다. 제비 덕분에 부자가 된 흥부를 보고 자신도 일부러 제비 다리를 부러뜨리는 건 놀부의 생각이다. 생각이 끊어진 곳에 마음이 드러난다. 대상과 내가 분리되어 나타나면 생각이고 대상과 내가 하나가 될 때 나타나는 건 마음이다."

작가 이외수가 한 말이다.

생각: _____
마음: _____

생큐, 그래티튜드, 어프리시에이트, 인뎃

영어의 감사 표현에는 네 가지가 있다. 생큐Thank you는 싱크 오브 유Think of you에서 유래됐다고 한다. 내게 잘해준 너를 잊지 않고 생각하겠다는 뜻이다. 그래티튜드Gratitude는 아무 대가 없이 그냥 감사한 것이다. 어프리시에이트Appreciate는 상대의 가치를 인정하는 감사를 뜻한다. 가격을 뜻하는 프라이스Price와 같은 어원을 갖고 있다. 마지막 인뎃In Debt은 뭔가 신세를 졌다는 의미의 감사다.

요즘 감사 운동이 널리 확산되고 있다. 뭔가 감사할 일이 있어 감사하는 것이 아니라 매사에 감사하고 감사할 거리를 찾자는 운동이다. 바람직하다.

생큐: _____
그래티튜드: _____
어프리시에이트: _____
인뎃: _____

선택지를 만드는 사람과 선택지를 고르는 사람

"난 이 문제의 해법을 가, 나, 다, 라 이렇게 네 가지로 생각해. 당신은 이 중 어떤 게 마음에 들어?"

상대방은 네 가지 중 한 가지를 선택한다. 선택지를 만드는 사람과 고르는 사람 중 어느 쪽이 더 스마트한 사람인가? 당신이 사장이라면 어떤 사람과 일하고 싶은가? 만약 고르는 사람을 선택하는 사람이 있다면 사업은 하지 말 것을 권고한다.

선택지를 만드는 사람: _____
선택지를 고르는 사람: _____

설명과 설득

1.

기차에 양팔을 잘린 소녀가 재판에서 지게 생겼다. 변호사는 최후 변론에서 이렇게 말했다. "제가 어제 소녀와 같이 저녁을 먹었는데 마치 개처럼 먹더군요. 아마 평생 개처럼 먹어야 할지도 모릅니다. 여러분이 이 소녀라면 어떤 기분이 들까요?" 결과는 50만 달러 배상, 성인이 될 때까지 1년에 8만 달러를 배상하라는 것이다. 이게 설득의 힘이다.

설명과 설득은 어떻게 다를까? 설명은 이성에 호소하고 설득은 감성에 호소하다. 설명은 일방적이고 설득은 양방향이다. 설명은 팩트를 얘기하고 설득은 팩트로 말미암아 벌어질 정황 혹은 스토리를 얘기한다. 설명은 어렵지 않다. 설명을 설득으로 발전시키기는 어렵다. 오래전 들었던 말이 갑자기 떠올랐다. 남편이 조리 있게 설명할수록 아내는 화를 낸다. 그런데 남편은 아내가 왜 화를 냈는지 이해하지 못한다.

2.

둘 다 소통의 수단이다. 설명은 한 방향이다. 이성적이고 팩트 중심이다. 논리적이고 내용이 중심이다. 설득은 양방향이다. 감성적이다. 내가 말하는 것 이상으로 상대 얘기를 들어야 한다. 경청이 중심이다.

어느 게 목표 달성에 유리할까? 당연히 설득이다. 논리는 항상 옳지만 감동을 주지는 않는다. 옳다는 건 알겠는데 이상하게 심사가 꼬인다. 상대가 논리적일수록 그 사람 말에 동의하기 싫다. 설명은 다른 사람을 이해시킬 수는 있지만 공감을 주지는 않는다. 설득하기 위해서는 감동을 줄 수 있어야 한다.

설명: _____

설득: _____

성격과 인성

성격Character은 정직이나 성실이나 용기 같은 내면적 특성이다. 시간이 지나도 변하지 않는다. 인성Personality은 수줍음이나 유머 같은 겉으로 드러난 성향이다. 내면적 특성은 물 아래에 있는 빙하고 인성은 물 위에 있는 빙하에 해당한다.

성격: _____
인성: _____

성과목표와 학습목표

성과목표Performance Goal는 성과를 추구한다. 남과 비교한다. 실패했을 때 자책하며 포기할 가능성이 높다. 학습목표Learning Goal는 성장을 추구한다. 과거와 현재의 자신을 비교한다. 자기 발전에 관심이 높다. 실패했을 때 또 하나의 경험을 쌓은 걸로 생각한다. 둘 다 필요하다. 초기에는 성과목표로 몰입도를 높이고 이후에는 학습목표로 추진력을 유지하는 것이 필요하다.

전설적인 농구 감독 존 우든John Wooden은 잠재력을 최대 발휘하는 것을 성공이라고 생각했다. 그는 카림 압둘 자바Kareem Abdul Jabbar 같은 스타 선수에게도 1학년이라는 이유로 출전 기회를 주지 않았다. 자기 능력을 키우는 법을 먼저 배우도록 하기 위해서다. 자신에게 더 발전할 부분이 있다는 것을 깨닫게 하기 위해서다. 그는 한 번도 경기에서 이길 것을 주문하지 않았다.

성과목표: _____
학습목표: _____

성급함과 인내

나폴레옹Napoléon Bonaparte은 인내심이 없었다. 순식간에 식사를 끝내는 것으로 유명했다. 20분을 넘은 적이 없었다. 금방 지루해했고 숙고 없이 정책을 결정했고 그 결과 파멸했다. 1812년 러시아가 영국에 대한 대륙봉쇄령을 어겼다는 단 하나의 이유로 러시아를 침공해 50만 명의 군인이 죽고 그 자신도 망했다.

반대로 도쿠가와 이에야스德川家康는 인내 덕분에 성공했다. 일본 닛코에 가면 도쿠가와 이에야스의 사당 도쇼쿠가 있다. 그곳에는 입을 막고 귀를 막고 눈을 가린 세 마리 원숭이가 새겨진 산자루라는 유명한 조각상이 있다. 고난과 역경의 파란만장한 삶을 살았던 도쿠가와 이에야스의 처세술이 인내였다는 것을 일깨워주는 조각상이다. 서둘러서 좋은 결과가 생기는 일은 없다.

성급함은 악마로부터 인내는 신으로부터 온다. 요즘 나쁜 사람의 행태를 보면서 분해하는 사람이 많다. 하지만 분한 것으로는 아무것도 하지 못한다. 이럴 때는 인내하면서 힘을 길러야 한다. 분을 참지 못하고 성질을 부리면서 나아가 죽는 것은 쉽다. 누구나 할 수 있다. 하지만 치욕을 참으면서 뜻을 이루기는 어렵다. 분기탱천할 일이 있는가? 화를 내서 문제를 해결할 수 있다고 생각하는가? 어리석은 일이다. 대신 실력을 키우면서 인내하길 권한다.

성급함: _____
인내: _____

성숙과 성장

1.

성장成長은 글자 그대로 자라는 것이다. 키가 크는 것, 정신적으로 자라는 것 등이 성장이다. 기업의 경우는 매출액이 늘고 직원 숫자가 느는 것도 성장이다. 실속이 따르는 규모 확대는 성장이고 실속이 따르지 않는 확대는 팽창이다. 성장은 계속되지만 팽창은 언젠가 수축한다. 그런 의미에서 능력 이상의 일은 가능한 거절해야 한다. 그렇지 않으면 상대에게도 폐를 끼친다. 츠타야 서점을 만든 마스다 무네야키의 주장이다. 참 설득력이 있다.

2.

성장이란 내가 하고 싶다고 할 수 있는 건 아니다. 무리하게 가게를 확대했다고, 새로운 사업을 시작했다고 오는 것도 아니다. 내가 실력이 있고 남다른 그 무엇이 있으면 오는 자연스러운 결과다. 나는 성장하고 있는가, 아니면 팽창하고 있는가?

그렇다면 성숙成熟은 무엇일까? 성숙의 핵심은 익을 숙熟이다. 익는 데 가장 필요한 건 시간이다. 시간이 필요하다. 당연히 순서가 차이 난다. 성숙 다음 성장은 뭔가 이상하다. 그런데 성장 다음 성숙하면 자연스럽다. 일단 성장을 한 후 성숙을 하는 것이 아닐까?

성숙: _____

성장: _____

성실과 근면

성실과 근면은 수많은 학교나 조직의 슬로건이다. 그만큼 검증된 가치관이다. 둘은 쌍둥이처럼 붙어 다닌다. 성실誠實은 정성 성誠과 열매 실實이다. 정성스럽게 일하면 열매를 맺는다는 뜻일까? 근면勤勉은 부지런할 근勤과 면할 면勉이다. 부지런히 일하면 가난을 면할 수 있다는 뜻일까? 원래는 그렇게 만들었겠지만 사람들은 다르게 받아들이는 것 같다.

내가 생각하는 성실은 꾸준함이다. 하루이틀 하다 집어치우는 대신 하기로 한 일을 꾸준히 1년 365일 지키는 것이다. 절대 쉽지 않다. 시간이 지날수록 꾸준함의 중요성을 절감한다. 대가들은 대부분 일정한 리추얼Ritual을 갖고 수십 년째 비슷한 생활을 한다. 꾸준함이 없이 뭔가 성과를 내는 건 쉽지 않다. 내가 생각하는 근면은 부지런함이다. 반대말은 게으름이다. 남들보다 일찍 일을 시작하고 딴짓하지 않고 주어진 역할을 착실히 하는 것이다. 하기로 한 일은 철저하게 하는 것이다.

성실: _____

근면: _____

소선대악 대선비정

일본에서 경영의 신으로 추앙되는 이나모리 가즈오Inamori Kazuo 회장의 말인데 '작은 선은 큰 악과 닮았고小善大惡 큰 선은 비정과 닮았다大善非情'란 뜻이다. 그가 만년 적자인 일본항공을 살리는 역할을 맡아 기업을 몰인정하게 구조 조정하면서 한 말이다. 조금씩 봐주는 것이 결국 그 사람을 망치는 대악이고 일반인들에게 비정하게 보이는 일을 과감하게 하는 것이 최후에는 대선이 된다는 말이다.

잭 웰치Jack Welch가 무능한 사람들을 과감하게 잘라내면서 중성자탄이란 별명을 가졌을 때 그가 한 말과 일맥상통한다.

"무능한 저성과자를 봐주는 것이 그 사람을 망치는 길이다. 젊은 시절 자신이 일을 못한다는 사실을 인지시키면 그 사람은 더 열심히 노력하든지 다른 길을 찾는다. 오냐오냐하면서 봐주면 그는 자신에 대해 착각을 하고 아무 노력을 하지 않는다. 그런 사람은 나이 들어 어떻게 해볼 방법이 없다. 그거야말로 정말 잔인한 일이다."

이 말을 듣고 고수들은 서로 통한다는 생각이 들었다. 정말 그 사람을 위하는 길이 뭘까? 저성과자를 그저 감싸는 것일까, 아니면 정신이 번쩍 나게 혼내는 것일까?

소선대악: _____

대선비정: _____

소속감과 적응

　소속감은 '나보다 큰 어떤 것의 일부가 되고 싶은 인간의 고유한 욕구'다. 적응과 소속은 다르다. 소속은 내가 원하는 곳에 있고 그곳 역시 나를 원한다. 적응은 내가 원하는 곳에 있지만 그곳은 내가 있든 없든 신경 쓰지 않는다. 소속은 내 모습 그대로 인정받는 것이고 적응은 남들과 똑같아졌기 때문에 인정받는 것이다.

　어딘가에 소속되면 자기 모습을 잃지 않아도 된다. 어딘가에 적응할 때는 다른 사람과 비슷해져야 한다. 학교에서 소속감을 못 느끼면 힘들다. 집에서 소속감을 못 느끼면 그건 재앙이다. 부모 기대에 부응하지 못할 때, 부모만큼 똑똑하지 못할 때, 부모에게 부끄러운 자식으로 취급받을 때, 자신이 하는 일을 부모가 싫어할 때, 부모가 내 생활에 무심할 때도 힘들다. 브렌 브라운의 저서 『마음가면 : 숨기지 마라, 드러내면 강해진다』에 나오는 내용이다.

소속감: _____

적응: _____

소심과 세심

소심은 정성은 없고 두려움만 있는 것이고 세심은 정성은 있고 두려움이 없는 것이다.

소심:
세심:

소탐대실과 대탐소실

작은 걸 탐하다 큰 걸 잃는다는 의미가 소탐대실小貪大失이다. 흔히 겪는 일이다. 소탐대실의 반대는 무얼까? 대탐소실大貪小失이다. 큰일을 하려면 작은 걸 포기해야 한다. 리더가 자꾸 작은 일에 간섭하고 사사건건 지적하기 시작하면 일의 진전이 느려지고 아무도 책임지려 하지 않는다.

최재천 교수의 아이디어다.

소탐대실: _____

대탐소실: _____

소통과 소문

우리 조직에는 말이 너무 많다는 말을 자주 한다. 그때의 말이란 어떤 의미일까? 뒷담화 내지 소문이나 풍문 등을 얘기하는 것이다. 그런데 왜 그럴까? 사람들은 궁금한 걸 참지 못한다. 석연치 않은 결정이나 말이 되지 않는 일에 강한 호기심을 나타낸다.

그런데 제대로 된 소통 채널이 없으면 소문이란 또 다른 채널을 이용할 수밖에 없다. 우리 조직에 말이 많아졌다는 건 활발한 소통 대신 소문이 무성하다는 말이다. 소통이 사라지면 그 자리에 소문이 자리한다. 소통이 원활해지면 소문은 설 자리를 잃는다. 소문은 불통을 먹고 산다.

소통:

소문:

소통의 언어와 과시의 언어

"나는 건설 현장을 떠돌아다니며 일본어를 한 6개월간 집중적으로 공부한 적이 있다. 일본어를 알지 못하면 기술자 대열에 합류할 수 없다. 기술자들은 자기들끼리 일용 근로자가 한마디도 알아들을 수 없는 언어로 소통한다. 나는 건설 현장의 일본어를 습득함으로써 단기간에 권력자 대열에 합류할 수 있었다. 그런데 3년 전 집수리를 했다. 내 집이 공사판 노릇을 한 것이다. 일용 근로자들에게 기술자의 언어는 여전히 외국어였다. 그러니까 나는 근 35년의 세월이 흐르도록 토막 일본말들이 여전히 권력 도구 노릇을 하고 있다는 것을 확인한 셈이다. 공사판 기술자들이 무식해서 그렇다고? 천만에. 신문사 편집국에서도 같은 일이 일어나고 있다. 한두 번 확인한 것이 아니다. 말을 알아듣지 못하는 새내기는 한동안 찬밥 신세를 면하지 못한다. (…중략…)

글 부리고 말 부릴 때마다 가슴에 손을 얹고 나는 묻는다. 소통을 원하는가, 과시를 원하는가? 한 고위 공직자의 말이 가볍다고 온 나라가 야단이다. 무엇이 놀라운가? 그 공직자는 과시적 언어라는 이름의 넥타이를 풀었을 뿐이다."

『이윤기의 그리스 로마 신화』의 저자인 이윤기가 한 말이다.

소통의 언어: _____

과시의 언어: _____

솔직과 정직

솔직은 자기 속내를 남들 앞에서 가리지 않고 드러내는 것을 의미한다. 누가 있건 없건 좋은 건 좋다 하고 싫은 건 싫다고 말한다. 주위 사람 눈치를 살피지 않고 있는 그대로를 말한다. 자기감정과 생각을 겉으로 드러내는 것이다. 정직은 다르다. 정직에는 윤리적인 잣대가 있다. 옳은 건 옳다 하고 그른 건 그르다고 말하는 것이 정직이다. 설혹 자신이 손해를 봐도 진실을 얘기한다.

말과 행동이 일치하는 사람이다. 솔직한 사람과 정직한 사람은 같은 사람일 수도 있지만 솔직한 사람이 반드시 정직한 사람은 아니며 정직한 사람이 반드시 솔직한 사람은 아니다.

솔직: _____
정직: _____

수업과 교육

"수업schooling은 남이 통제하는 환경에서 이루어진다. 반면 교육education은 자신의 삶을 현명하게 영위하고 자신이 이해하는 세상에서 살기 위해 스스로 주도하는 활동이다. 교육은 광범위한 경험과 온몸을 던지는 헌신과 엄청난 모험으로 짠 복잡한 십자수다. 나는 학교 공부 때문에 내 교육이 방해받는 일이 없도록 애써 왔다."

미국 소설가 마크 트웨인Mark Twain이 한 말이다.

수업:
교육:

순수와 순진

순수純粹는 깨끗하고 불순물이 없는 상태를 말한다. 때 묻지 않은 것을 뜻한다. 영어로는 퓨어Pure, 제뉴인Genuine이다. 아기들, 때 묻지 않은 사람을 가리킨다. 순진은 영어로는 나이브Naive다. 순진純眞하면 순진무구가 연상된다. 좋은 뜻보다는 '세상 물정을 모르는'이란 뜻이 강하다. "순진하긴."이라 하면 사기당하기 좋은 사람이 떠오른다.

순수: _____
순진: _____

순응과 적응

순응은 환경에 섞여들고 평균이 되거나 튀지 않고 개성을 활용하는 걸 거부하는 부정적 능력이다. 적응은 바람 방향에 따라 자세를 전환한다. 방향에 따라 이점을 취하기 위해 진로를 조율하는 긍정적 능력이다. 순응이 두려움이나 거부에 근거한 약점이라면 적응은 자신감과 판단력과 자질에 근거한 강점이다.

미국 리더십 전문가 존 맥스웰John C. Maxwell의 저서 『다시 리더를 생각하다』에 나오는 내용이다.

순응: _____
적응: _____

습득과 학습

저절로 익히는 건 습득Acquisition이라고 한다. 반면 학습Learning은 의도가 있고 별도 노력이 필요하다. 미국 사람이 영어를 잘하는 건 습득이지만 이민 간 한국 사람이 영어를 잘하는 건 학습 덕분이다. 언어는 대부분 습득의 산물이다. 별도로 노력하지 않아도 바보가 아니면 누구나 배울 수 있다. 학學이 빠져 있다.

학습은 다르다. 학습學習은 의도적이다. 추가적인 노력과 공부가 필요하다. 학습은 학學을 습習으로 전환한 것이다. 배운 것을 몸에 익힌 것이다. 달인들은 대부분 습득의 경지이다. 학이 빠져 있다. 달인에서 장인으로 가려면 학을 보완해야 한다.

습득: _____
학습: _____

시력, 시야, 시각

눈이 좋다고 할 때 시력이 좋다고 한다. 자세히 보는 능력, 남들보다 명확하게 볼 수 있는 능력이다. 시야는 폭넓게 보는 것이다. 시야가 넓다, 시야가 툭 터졌다는 표현을 쓴다. 드론을 타고 올라가 높이서 볼 수 있는 능력이다.

그렇다면 시각은 무엇일까? 시각은 남들과 다르게 볼 수 있는 능력이다. 남들이 보지 못하는 것을 볼 수 있고, 상대 입장에서 볼 수 있는 능력이다. 셋 다 중요하지만 난 이 중 시각을 가장 높이 평가한다.

시력: _____

시야: _____

시각: _____

시키는 일을 잘하는 것과 새로운 일을 잘하는 것

시키는 일을 잘하는 사람은 많다. 그냥 일만 열심히 하는 사람도 많다. 그러나 자신이 지금 이 일을 하는 이유는 무엇이고 이 일을 통해 진정으로 이루어야 할 것이 무언지를 알고 사명감으로 일하는 사람은 적다.

시키는 일을 잘하는 것: _____
새로운 일을 잘하는 것: _____

신속한 것과 성급한 것

15층 아파트에 짜장면 배달을 갔는데 마침 정전이라 엘리베이터를 이용할 수 없다. 급하게 올라가 벨을 눌렀는데 짜장면을 시킨 적이 없단다. 알고 보니 옆동 15층이다. 이게 성급함이다. 열심히 뭔가를 했지만 결과물이 나오지 않는 것이다. 애만 쓴 셈이다.

신속함과 성급함은 둘 다 잽싸게 무언가를 하는 것을 말하지만 차이가 있다. 확인해야 할 절차가 있어야 한다는 것이다. 호수를 확인한 후 열심히 올라가는 건 신속한 것이고 호수도 확인하지 않고 무작정 올라가는 건 성급한 것이다.

신속한 것: _____
성급한 것: _____

신중함과 우유부단함

리더의 가장 중요한 역할은 제때 제대로 된 의사결정을 하는 일이다. 최악은 무작정 뭉개는 것이다. 결재 서류를 잔뜩 쌓아놓고 신중함이란 미명하에 부하 직원의 피를 말리는 것이다. 그런데 그게 신중한 것일까? 신중한 것과 우유부단한 것을 어떻게 구분할 수 있을까?

기준점은 데드라인이다. 모든 일에는 골든타임이 있는데 그 시간 안에 결정하는 건 신중함인데 골든타임을 놓치는 건 우유부단함이다. 심폐소생술의 골든타임은 5분이다. 할까 말까 망설이다 5분 후에 하기로 결정하는 건 아무 의미가 없다. 그게 바로 우유부단함이다.

신중함: _____
우유부단함: _____

실마리와 힌트

　어떤 문제를 해결하는 데 필요한 실마리를 클루Clue라고 한다. 힌트Hint는 어떤 일을 해결하거나 창작할 때 도움이 되는 암시나 착안을 뜻한다. 실마리가 일을 풀어가는 첫 단계라면 힌트는 은근한 알림이나 요령 있는 조건이다. 힌트의 어원은 붙잡다는 뜻의 중세 영어 헨텐Henten이다.

실마리: _____

힌트: _____

실업과 실직

실직은 직장을 잃는 것이다. 다른 직장을 구하면 된다. 진정한 실업은 직장을 잃는 게 아니라 직업이 사라지는 것이다. 자신이 뾰족이 할 수 있는 일이 없는 것이다. 자신의 경험과 지식과 잠재력을 상품화하는 데 실패했다는 것을 의미한다.

실업: _____

실직: _____

실패와 실수

실패失敗, failure는 무언가를 시도했는데 뜻을 이루지 못한 것이다. 새로운 사업에서 실패하는 것, 사법시험에 실패하는 것, 결혼생활에 실패하는 것 등이 그렇다. 아무것도 하지 않으면 실패할 일이 없다. 그런데 좋은 실패와 나쁜 실패가 있다. 새로운 도전 과정에서 나오는 것은 좋은 실패고 자만심과 부주의로 같은 실수를 반복하는 것은 나쁜 실패다. 실수失手, mistake는 깜빡하는 것, 뭔가 중요한 걸 놓치는 것, 해야만 했는데 하지 못한 것 등을 뜻한다. 충분히 막을 수 있었는데 그러지 못했다는 걸 뜻한다.

"한 번은 실수, 두 번은 교훈, 세 번부터는 습관이다Onc is a mistaken, Twice is s lesson, Trice becomes a addict."

영어 속담이다. 서양 사람들의 실수에 관해 어떻게 생각하는지 읽을 수 있다. 용서할 수 없다는 뉘앙스가 있다. 새로운 시도는 실패를 부를 수 있다. 하지만 거기서는 배울 게 있다. 실수는 다르다. 한 번 실수는 넘어갈 수 있지만 그게 반복되는 건 위험하다.

실패: _____

실수: _____

심문과 신문

심문審問의 심審은 살핀다는 뜻이다. 심판審判 할 때도 쓰인다. 법원에서 진실을 가리는 것을 심리審理한다고 한다. 신문訊問은 죄를 묻는 걸 뜻한다. 물을 신訊은 파자하면 말씀 언言+빨리 날 신卂이다.

심문: _____

신문: _____

아는 것, 깨닫는 것, 모르는 것, 설명하는 것

아는 건 글자 그대로 아는 것이다. 그 자체로는 별 가치가 없다. 아는 게 실행으로 습관으로 발전할 수 있어야 한다. 깨닫는 건 다르다. 깨닫는 건 머리에서 스파크가 튀고 눈앞이 밝아지는 것이다. 당연히 아는 것에 비해 실행 가능성이 훨씬 높다.

안다는 것에는 두 종류가 있다. 자신이 안다는 것을 아는 것과 안다는 것을 모르는 것이 그것이다. 모르는 것에도 두 종류가 있다. 자신이 모른다는 것을 아는 것과 모른다는 것을 모르는 것이다. 어느 게 최선이고 어느 것이 최악일까? 최선은 자신이 안다는 것을 아는 것 아닐까? 그러면 최악은? 자신이 모른다는 사실을 모르는 것이다. 각각의 사람들을 어떻게 대해야 할까?

아라비아 속담이 이해에 도움 된다. 다음과 같다.

"자기가 모르면서 모른다는 사실조차 모르는 사람은 바보다. 피해야 한다. 모르지만 모른다는 사실은 알고 있다. 단순하니까 가르쳐주면 된다. 알면서 자신이 안다는 사실을 모르는 사람은 자고 있는 것이다. 깨우면 된다. 자신이 알고 있고 안다는 사실도 아는 사람은 현명한 사람이다. 따르면 된다."

　자신의 무지를 모르는 사람은 어리석은 사람이니 피해야 하고 안다는 사실을 아는 사람은 지혜로우니 따르면 된다는 말이다.

　아는 것과 설명하는 것은 다르다. 자기가 잘하는 것과 잘하는 것을 남에게 설명하는 것 역시 다르다. 일류 선수가 일류 코치가 되지 못하는 것이 증거다. 일류 선수 중 많은 선수는 타고나길 잘한 사람이다. 스스로 왜 자신이 잘하는지 알지 못한다. 당연히 설명하지 못한다. 설혹 자신이 왜 잘하는지 알아도 조리 있게 남에게 설명하는 건 다른 장르다.

　뭔가를 잘하는 것도 재능이지만 이를 잘 설명하는 것 역시 재능이다. 둘은 완전히 다르다. 그런데 설명력을 키우는 최선의 방법은 무엇일까? 홈쇼핑 채널 시청을 권하고 싶다. 이들의 주업은 그럴듯한 설명이다. 설명의 달인이다. 설명으로 밥을 먹는 사람들이다. 설명의 성과에 따라 급여가 달라지는 직업이다. 난 그렇게 잘 설명하는 사람들을 본 적이 없다.

아는 것: _____
깨닫는 것: _____
모르는 것: _____
설명하는 것: _____

아마추어와 프로

아마추어는 늘 이유와 핑계가 많다. 매번 응급실에 실려 가고, 오다가 차가 고장 나고, 삼촌이 쓰러지고, 뭔 일이 그렇게 많은지……. 프로는 웬만하면 그런 일이 생기지 않는다. 왜 그럴까? 아마추어는 평소 자기관리가 되지 않기 때문이다. 모든 것을 낙관적으로 생각한다. 그의 사전에 변수란 없다. 모든 것이 예정대로 딱딱 진행된다. 교통체증이 없고, 제시간에 버스가 오고……. 하지만 세상일이 어디 그런가? 늘 수많은 변수가 있게 마련이다.

아마추어: _____

프로: _____

○ 239

아부와 직언

1.

아부는 현재 지위를 지키는 방어술이지만 직언은 미래의 지위로 나가게 하는 적극적 공격술이다. 아부는 누구나 할 수 있지만 직언은 아무나 할 수 없다. 꼬리를 흔드는 개는 많지만 씩씩하게 짖어 적을 막아주는 개는 구하기 어렵다.

2.

돈이 많아지거나 직위가 높아지면 어떤 변화가 일어날까? 그 사람 앞에서 미소를 짓거나 웃는 사람 숫자는 늘어나고 싫은 얘기를 하는 사람은 줄어든다. 아부하는 사람은 늘어나고 직언하는 사람은 줄어든다. 당연히 현실을 파악하지 못한다. 진실과 멀어지면서 엉뚱한 행동을 하고 말이 안 되는 결정을 하지만 그 사실을 인지하지 못한다. 지금은 즐겁지만 이미 재앙은 시작된 셈이다. 내 주변에 그런 조직이 부지기수다. 안타까운 일이다. 아부를 피하고 직언을 주고받아야 한다. 아부하는 사람을 멀리하고 쓴소리하는 사람을 가까

이해야 하지만 대부분 사람은 그릇 사이즈가 작아 반대로 행동한다. 직언이 사라지고 아부가 날뛰면서 서서히 조직이 무너진다.

아부와 직언 중 어느 게 쉬울까? 당연히 아부가 쉽다. 세상에서 가장 쉬운 게 아부다. 아부는 별다른 노력과 준비가 필요 없다. 그냥 그 사람이 듣고 싶어하는 말을 하면 된다. 본능적으로 꼬리를 흔들면 된다. 직언은 다르다. 직언은 아무나 할 수 있는 게 아니다. 조직과 상사를 사랑해야 한다. 사명감이 있고 때로는 그만둘 각오를 해야 한다. 보통 사람은 절대 할 수 없는 일이다. 꼬리를 흔드는 개는 지천이다. 반대로 씩씩하게 짖어 적을 막아주는 개는 찾기 어렵다.

아부: _____

직언: _____

악착과 억척

악착齷齪과 억척은 둘 다 열심히 꿋꿋하게 산다는 의미다. 그런데 악착은 조금 작은 것에 집착하는 것을 뜻한다. 조그만 손해라도 입지 않으려 하는 사람이 연상된다. 어금니를 꽉 깨물고 죽기 살기로 일하는 것이 떠오른다. 단기적으로 성과는 날 수 있지만 치아가 손상될 가능성이 크다.

"작은 일에 집착하지 마라Don't sweat small stuff."

그런 사람에게 해주고 싶은 말이다. 억척은 악착과는 조금 다르다. '살림을 억척스럽게 한다.' '힘들지만 억척스럽게 이를 극복했다.' 같은 것이 연상된다. 악착보다는 큰 것에 집착하는 것이다. 여러 장애요인을 개의치 않고 이겨내는 긍정적 의미가 떠오른다.

악착: _____

억척: _____

안락과 쾌락

"추운 문밖에 있다가 난방이 잘 된 따뜻한 방으로 들어왔을 때는 안락과 쾌락을 느낀다. 계속 따뜻한 곳에서 지내면 안락하기는 하지만 더 이상 쾌락하진 않다. 휴식은 언제나 안락하지만, 지쳐 있을 때의 휴식이 진정한 쾌락을 준다. 반대로 충분한 안락 안에서는 육체적 혹사 같은 자극이 쾌락의 원인이 되고 그 뒤에 오는 평온함도 또 다른 쾌락이 된다."

미국의 경제학자 티보르 스키토프스키Tibor Scitovsky가 한 말이다.

안락: _____
쾌락: _____

안 해본 것과 못하는 것

신입 사원은 자신의 전공과 다른 부서에는 가려고 하지 않는다. 그 일을 못한다고 생각한다. 그런데 못한다는 것의 의미는 무엇일까? 해보지 않았다는 것의 다른 표현이다. 못하는 게 아니라 안 해봤기 때문에 할 수 있는지 할 수 없는지를 모른다. 못하는 것들의 대부분은 안 해봤기 때문이다. 대부분은 해보면 할 수 있다. 그중 정말 나와 잘 맞고 재미있는 것들도 있을 수 있다.

좋아하는 것을 찾기 위한 최선의 방법은 일단 해보는 것이다.

안 해본 것: _____

못하는 것: _____

암기과 암송

　　암기는 암송과 다르다. 암기가 묵독에 기초한다면 암송은 청각에 기초한다. 암기가 개별적 활동이라면 암송은 집합적으로 이루어진다. 암기는 단체로 할 수 없지만 암송은 많은 사람과 함께할수록 효과적이다. 암기가 두뇌 플레이라면 암송은 신체 운동이다. 암기를 많이 하면 신체가 허약해지지만 암송은 신체 전체의 기운을 활발하게 소통시킨다. 좋은 공부는 몸을 건강하게 한다. 몸을 소외시키지 않는 공부가 진짜 공부다.
　　고미숙의 『공부의 달인 호모쿵푸스』에 나오는 내용이다.

암기: _____
암송: _____

애국심과 민족주의

"자기 국민에 대한 사랑이 앞서는 건 애국심이고 다른 민족에 대한 미움이 앞서는 건 민족주의다."

프랑스 대통령 샤를 드 드골Charles de Gaulle이 한 말이다.

애국심: _____

민족주의: _____

애완견과 반려견

애완愛玩은 사랑 애에 희롱할 완이다. 말 그대로 장난감처럼 갖고 논다는 것이다. 애완견과 완구玩具는 모두 희롱할 완을 쓴다. 장난감을 갖고 놀면 싫증이 나고 싫증이 나면 버리게 된다. 유기견은 그래서 나온 산물이다.

반려伴侶는 다르다. 그 사람과 같이 인생을 보내는 것이다. 반려견은 싫증이 난다고 버리는 존재 이상이다.

애완견: _____

반려견: _____

애정과 집착

누군가를 좋아한다는 공통점이 있다. 하지만 애정은 적당한 거리를 두는 것이고 집착은 그 거리가 제로인 것이다.

애정: _____
집착: _____

야합, 오합, 단합

권력을 위해 뭉치는 건 야합이고 돈을 중심으로 모이는 건 오합이고 철학이 같은 사람이 모이는 건 단합이다.

야합: _____
오합: _____
단합: _____

양과 돼지

양은 유목민의 상징이고 돼지는 정착민의 상징이다. 양은 하루 6킬로그램의 풀을 먹는다. 풀뿌리까지 먹어 치운다. 많은 양을 좁은 지역에서 사육하기 어렵다. 당연히 한곳에 정착해서 살기 어렵다. 돼지는 한곳에 머무르려는 속성이 강하다. 보금자리를 만들고 그곳에 머물곤 한다. 양 새끼는 태어난 직후부터 걸어 다닐 수 있지만 돼지는 새끼를 한 번에 열 마리를 낳고 몇 주간 보살핀다. 이렇게 미성숙한 새끼를 데리고 먼 거리를 이동할 수는 없다.

정착민만이 돼지를 키울 수 있다. 돼지는 기동성이 없고 오직 고기만 먹을 수 있다. 털이나 젖을 이용할 수 없다. 역사학자 정기문의 『정기문의 식사』에 나오는 말이다.

양: _____

돼지: _____

양신과 충신

하루는 위징이 당 태종에게 자신이 양신이 되고 충신이 되지 않게 해달라고 부탁한다. 당 태종이 양신과 충신의 차이점을 묻자 이렇게 답한다. "양신은 스스로 아름다운 명성을 얻고 군왕도 숭고한 칭호를 누립니다. 자손 대대 부귀영화가 끝이 없습니다. 충신은 자기는 죽고 군왕은 악명을 뒤집어씁니다. 집안과 나라가 모두 큰 상처를 받지만 오직 혼자만이 충신의 명예를 누립니다." 위징은 양신의 전형이다. 직언을 서슴지 않았지만 이는 주군인 당 태종의 위신과 덕망을 널리 알리기 위한 수단이었다.

고전연구자 신동준의 저서 『정관정요』에 나오는 내용이다.

양신: _____

충신: _____

양심과 악의 공통점

"둘 다 자기 확신이 뿌리다."

독일 철학자 헤겔Georg Wilhelm Friedrich Hegel이 한 말이다. 양심의 영어 컨션스conscience의 어원은 함께라는 뜻의 콘con과 안다는 뜻의 시엔티아scientia이다. 혼자 옳다고 생각하는 건 양심이 아니다. 많은 사람이 그렇게 생각하는 게 양심이다. 그런 면에서 잘못된 확신은 재앙이다. 악이다. 지옥에 이르는 모든 길은 선의로 포장되어 있다.

양심: _____

악: _____

양적 성장과 질적 성장

성장에는 두 종류가 있다. 양적 성장과 질적 성장이다. 보통 양적 성장이 먼저고 그다음이 질적 성장이다. 이를 양질 전환의 법칙이라 한다. 일정 양이 나오면 질이 확보된다는 말이다. 양적 성장과 질적 성장을 어떻게 비유하면 좋을까? 질문을 받은 사람이 이런 비유를 했다.

"몸무게가 느는 건 양적 성장이고 몸무게가 키로 가는 건 질적 성장이 아닐까요?"

그럴듯한 주장에 다들 박장대소를 했다.

그런데 다른 한 사람이 거기에 반론을 펴면서 두 가지 질문을 던졌다.

"체중 증가를 성장이라고 하면 고도 비만은 성장의 최정점인데 그게 맞나요? 몸무게가 과연 키로 갈까요?"

난 체중 증가를 성장으로 하는 것에 반대한다. 대부분의 사람에게 체중 증가는 성장이 아닌 퇴보다. 몸무게가 키로 간다는 것도 낯설다. 어릴 적에 비만은 커서도 비만인 경우가 흔하다. 혹시 여러분 중 양적 성장이 질적 성장으로 간 사례를 알고 있는가?

양적 성장: _____
질적 성장: _____

억울한 것과 분한 것

억울한 건 자신의 잘못이 아니라 남의 잘못으로 안 좋은 일을 당하거나 나쁜 처지에 빠져 화가 나는 것이다. 분한 건 일본어로 구야시이悔しい인데 마음먹은 대로 일이 이루어지지 않거나 남과의 경쟁에서 패했을 때 느끼는 감정이다. 억울한 것은 남을 원망하는 것이고 분한 건 자신을 책망하는 것이다.

억울한 것: _____
분한 것: _____

엄마와 어머니

"엄마" 하고 부르면 응석 부리고 싶고 "어머니" 하고 부르면 엎어드리고 싶다. 김완기 시인의 말이다. 60이 넘은 난 아직도 엄마를 엄마라고 부른다. 한 번도 어머니란 말을 쓴 적이 없다. 앞으로도 부를 계획이 전혀 없다. 울 엄마는 앞으로도 계속 내게는 엄마일 것이다. 엄마가 어머니가 되면 더 이상 엄마가 아닐 것 같아서다.

엄마: _____

어머니: _____

업 오어 아웃

'고객을 최우선으로 생각하고, 고객에게 최고의 가치를 전하는 것'이 맥킨지의 규율이다. 그러기 위해 컨설턴트는 끊임없이 자기계발을 해야 한다. 그래야 고객의 신뢰를 얻고 동료에게 높은 평가를 받을 수 있다. 자기계발에 성공한 사람은 위로 올라가고 그렇지 않은 사람은 조직을 나가야 한다. 그 유명한 업 오어 아웃Up or Out이다. 열심히 제대로 하지 않을 거면 나가라는 말이다.

그들은 문제 해결 능력, 팀 관리, 고객에게서 변화를 끌어내는 능력이 있어야 한다. 성장하지 않는 사람에게는 퇴사를 권한다. 그래서 20퍼센트 정도가 매년 나간다. 입사 동기는 4년 후가 되면 20퍼센트만이 남는다. 이 규율은 사내에 팽팽한 긴장을 가져오지만, 그와 동시에 죽지 않을 만큼 공부하게 한다. 맥킨지에서 퇴사한다 해도 다른 회사에서 충분한 보상을 받는다. 그래서 맥킨지를 떠나는 사람은 활력이 넘치고 뒷맛도 좋다.

그런데 보통 회사는 어떤가? 업 오어 낫, 올 스테이Up or Not, All Stay다. 발전하든 아니든 가리지 않고 모두 남는다. 아니, 일 못해도 나가지 않기 때문에 조직에 들어온 사람이다. 이런 사람에겐 조직을 떠나는 것이 죽음이다. 당신은 어떤가?

업 오어 아웃: _____

엔지니어와 과학자

엔지니어는 지식으로 돈을 만드는 사람이고 과학자는 돈으로 지식을 만드는 존재다.

엔지니어: _____
과학자: _____

역지사지와 일체화

지인 중 한 사람이 이혼을 생각하고 있었다. 부인이 고생하는 자신을 격려하지 않고 구박만 하고 있어 불만이 많았기 때문이다. 그런데 어느 날 자신이 부인이라면 자기를 어떻게 볼까, 자신은 부인에게 어떤 존재일까 생각했다. 답이 바로 나왔다. '나쁜 자식, 무능한 자식, 결혼해서 고생만 잔뜩 시킨 놈이다.' 자기가 생각해도 자기는 나쁜 남편이고 부인이 그러는 게 당연하다는 깨달음이 왔다.

이후 부인에 대한 불만이 사라지고 측은지심이 생기기 시작했고 그러면서 관계가 극적으로 좋아졌다. 남의 입장에서 생각하라는 역지사지易地思之란 말을 자주 듣는다. 그 말을 들을 때마다 여러 생각이 떠오른다. 그게 가능할까? 내 마음도 모르는데 어떻게 내가 다른 사람 입장에서 생각할 수 있을까? 생각해준다는 것이 오히려 상대에게 민폐를 끼치게 되는 건 아닐까? 이런 생각을 하게 된다. 내 생각만 하는 것보다는 다른 사람 입장에서 생각한다는 건 바람직하다.

하지만 이는 어디까지나 내 모든 것을 가진 채 단지 그 사람 입장에 서보는 것이다. 여기서 더 나가기 위해서는 일체화가 필요하다. 일체화는 나란 존재를 다 잊고 완전히 내가 상대 그 자체가 되는 것이다. 내 생각, 내 이익, 내 자존심 같은 걸 버리고 상대에게 빙의하는 것이다. 위의 남자는 역지사지를 넘어 일체화를 통해 문제를 해결했다. 역지사지도 일체화도 쉬운 일은 아니다. 하지만 그게 가능하다면 좀 더 큰 사람이 될 수 있을 거란 생각이다.

역지사지: _____

일체화: _____

연줄과 깐시

연줄에는 과거가 필요하다. 고향이 같거나 학교가 같거나 직장이 같아야 한다. 한 번 맺으면 평생을 간다. 깐시에는 과거가 필요 없다. 유비, 관우, 장비는 연줄이 있어 도원결의를 한 게 아니다. 깐시는 뿌리가 없고 연줄은 뿌리가 있다. 뿌리가 있는 연줄은 몇 번 실수해도 용서가 된다. 깐시는 다르다. 뿌리가 없기 때문에 만드는 것보다 만든 후가 더 중요하다. 그런 면에서 깐시는 살얼음판과 같다.

연줄은 과거지향적이고 깐시는 미래지향적이다. 깐시는 앞으로의 일을 도모하는 데 필요한 수단이지 목적이 아니다. 연줄은 존재 그 자체로 만족하는 경향이 있다. 연줄은 활용하지 않는 게 미덕이고 깐시는 활용하는 게 미덕이다.

연줄: _____
깐시: _____

열등감과 우월감

　열등감이 우월감이고 우월감이 곧 열등감이다. 열등감이 우월감으로 혹은 우월감이 열등감으로 나타난다. 탈레반이 그렇다. 탈레반은 학생이란 뜻이다. 학생이 왜 그렇게 말이 되지 않는 행동을 하는 것일까? 왜 여성을 그렇게 억압할까? 난 이를 열등감으로 해석한다. 열등감을 도덕적 우월감으로 극복하고 싶은 것이다. 다른 걸로는 차별할 방법이 없으니 종교를 빙자해 도덕적 우월성을 보여주고 싶은 것이다. 자신들이 도덕적으로 우월하니 너희들은 내 말을 들어야 한다고 생각하는 것이다. 이렇게 나오면 방법이 없다.

　세상에서 가장 무서운 사람은 종교로 무장한 사람이다. 자신을 하느님과 동격으로 생각하는 사람이다. 하느님이 그렇게 얘기를 했다는 데야 어떻게 손써볼 도리가 없다.

열등감: _____

우월감: _____

열정과 열망

열정passion은 몰입이고 꾸준함이다. 아픔과 희생이 있는 것이 열정이다. 열망enthusiasm은 좋아하는 걸 간절히 바라는 것이다. 둘의 가장 큰 차이는 꾸준함이다. 계속해서 열정을 갖고 무언가를 하는 것과 유행을 좇아 무언가를 하다 중단하는 건 너무 다른 얘기다. 대부분 사람이 생각하는 열정은 열정이 아니라 열망이다.

열정: _____

열망: _____

염증과 짜증

"몸에 염증이 있다고 그 염증이 항상 문제를 일으키는 것은 아니다. 염증은 숨어 있다가 면역력을 떨어뜨리거나 때로는 컨디션을 나쁘게 하면서 존재감을 드러낸다. 열이 나거나 몸이 붓는 식이다. 그날은 그런 날이었다. 마음의 면역력이 떨어진 날이었다. 늘 하시는 엄마의 말이 그날따라 너무 힘들었다. 버럭 짜증을 냈다. 짜증은 가장 미숙한 감정표현 방법이다. 가까운 사람에게 내는 짜증이 최악이다. 항상 그 끝은 죄책감을 동반한다. 화와 죄책감이 뒤섞여 감정을 주체할 수가 없었다. 숨어 있던 염증이 존재감을 드러내고 있었다."

서울아산병원 소아치과 박소연 교수가 한 말이다

염증: _____

짜증: _____

영업과 마케팅

"영업은 제품을 파는 것이고 마케팅은 고객의 마음을 사는 것이다. 제품 자리에 고객을, 기술 자리에 욕구를, 내 자리에 너를 놓는 것이다."

브랜드웨이 황인선 대표의 저서 『빅샷, 황인선의 마케팅 ALL』에 나오는 내용이다.

영업은 소비자를 설득해 상품을 판다. 시간을 팔아 일회성 월급을 받는다. 보상은 즉각적이지만 대부분 일회성이다. 마케팅은 상품에 대한 정보를 전달하거나 알린다. 실제 소비가 일어나는 시점과 시간적인 갭이 있다. 반복적 소비를 유도해 반복적 수입이 일어나게 한다. 마케팅의 정점은 판매를 불필요하게 만드는 것이다. 알아서 오게 하는 것이다. 줄을 세우는 것이다. 스스로 경험하고 만족한 걸 알리는 일은 퇴근 후 자투리 시간에도 할 수 있다.

영업: _____

마케팅: _____

예술과 과학

예술과 과학은 아무 접점 없는 별개의 영역으로 보이지만 사실은 그렇지 않다. 도파민의 원동력이라는 공통점이 있다. 실제 과학자 집단 안에는 예술혼이 충만한 사람이 많다. 미국 국립과학아카데미에는 예술 관련 취미를 가진 사람이 일반 대중과 비교해 1.5배 많다. 영국왕립협회는 거의 2배다. 노벨상 수상자들만 보면 3배로 뛴다. 복잡하고 추상적인 사고를 잘할수록 예술가가 될 가능성이 크다. 음악적 재능과 수학적 재능은 한 세트인 경우가 많다. 둘 다 도파민의 영역이다. 대다수 과학자가 예술가이듯 대부분 음악가 역시 수학자이기도 하다. 도파민 수치가 높으면 공감력 같은 현재지향적 기능이 억제된다.

알베르트 아인슈타인Albert Einstein이 그렇다. 그의 사생활은 평범하지 않다. 두 아들이 있는데 한 명은 수력공학 분야의 세계적인 대가다. 다른 한 명은 스무 살에 조현병 진단을 받고 정신병원에서 생을 마감했다. 만유인력을 발명한 아이작 뉴턴Isaac Newton도 천재 중 한 명이지만 사람들과 자연스럽게 대화하고 호감을 얻는 데는 전혀 소질이 없었다. 비밀이 많고 집착이 심했으며 냉혈한 소리를 들을 정도로 감정을 표현하지 않았다. 조폐국장관 재직 시 동료들의 만류를 뿌리치고 위조범 모두를 교수형에 처했다는 일화가 있다. 언젠가부터 정신 이상 증세를 보이기 시작한 뉴턴은 숨겨진 메시지를 찾는다며 『성경』을 몇 시간씩 뒤지는 일이 허다했고 종교와 주술에 관한 책을 쓰기도 했다. 결국 50세에 완전히 미친 뉴턴은 1년 동안 정신병원에 감금되기도 했다.

대니얼 Z. 리버먼Daniel Z. Lieberman과 마이클 E. 롱Michael E. Long이 공저한 『도파민형 인간: 천재인가 미치광이인가』에 나오는 내용이다.

예술: _____
과학: _____

예언과 유언비어

'혹시나' 했는데 '역시나'란 생각을 많이 하게 된다. 시중에 떠돌던 유언비어 중 실제와 맞는 일이 그만큼 많다. 반대로 예언 중에는 틀린 것이 많다. 왜 그럴까? 유언비어는 대부분 그 사람 주변에서 흘러나온다. 점차 퍼져 유언비어로 발전한다. 팩트라는 것이다. 예언은 주로 데이터에 의존한다. 과학적이지만 틀린 경우가 더 많다. 그래서 사람들은 예언 대신 유언비어를 선호하는 것일까?

예언: _____
유언비어: _____

오만과 편견

"내가 다른 사람을 사랑하지 못하는 것은 편견이고, 다른 사람이 나를 사랑할 수 없게 만드는 것은 오만이다."

영국 소설가 제인 오스틴Jane Austen의 『오만과 편견』에 나오는 말이다.

오만과 편견은 둘 다 사랑의 장애물이다. 오만한 사람과 편견으로 가득한 사람은 사랑하기도 사랑받기도 어렵다. 편견으로 가득하면 다른 사람을 사랑하기 어렵다. 안 되는 이유가 너무 많기 때문이다. 오만은 겉으로 드러난다. 오만한 사람을 사랑할 만큼 오만한 사람은 별로 없다. 오만은 그 자체로 다른 사람의 접근을 막는다.

오만: _____
편견: _____

오만함과 자신감

"오만함은 모두가 내 아래 있다는 착각이며 자신감은 아무도 내 위에 없다는 믿음이다." 영국 작가 하비브 아칸데Habeeb Akande의 말이다.

내가 생각하는 오만은 눈에 보이는 게 없는 것이다. 두려운 것도 무서운 것도 없는 사람이다. 아주 위험한 상태다. 내가 생각하는 자신감은 할 수 있는 것과 할 수 없는 걸 구분할 줄 알고, 할 수 있는 건 열심히 하되 할 수 없는 건 하지 않는 것이다. 밑바닥에 주제 파악이 깔려 있다.

자신감은 사람들이 모두 나를 좋아할 것이라는 착각이 아니다. 누가 나를 안 좋아해도 개의치 않는 믿음이다. 어차피 군중은 흩어질 바람이요, 고독은 함께할 그림자다. 자신감의 원천은 오로지 성취뿐이다. 작은 목표라도 반드시 달성해 자신의 의지와 역량에 대한 신뢰를 축적해야 한다. 홍정욱의 저서 『50』에 나오는 내용이다.

오만함: _____
자신감: _____

완전연소와 불완전연소

앞으로 살날이 3년밖에 안 남았다면 어떻게 살고 싶은가? 직장을 그만두겠다, 지금이라도 하고 싶은 일을 하면서 살겠다, 여행을 떠나겠다, 사랑하는 사람과 좀 더 많은 시간을 보내고 싶다 등등 참 다양한 의견을 예상할 수 있다. 그런데 왜 지금 당장 그렇게 하지 못하는 것일까? 언제쯤 내가 원하는 삶을 살 수 있을까? 언제쯤 행복해질 수 있을까? 내가 지금 잘살고 있는지를 판단하는 방법이 있다.

"살날이 3년밖에 남지 않아도 지금처럼 살고 싶다. 지금과 똑같이 살다가 죽고 싶다"는 말을 당당하게 할 수 있으면 잘살고 있는 것이다. 반대로 지금처럼 살다가 죽으면 정말 억울할 것 같다고 생각하면 뭔가 아쉬움이 있는 것이다. 이렇게 여한이 있는 삶은 불완전연소이고 완벽한 삶은 완전연소에 해당한다. 불완전연소는 연기가 많이 나고 그을음도 냄새도 많이 난다. 완전연소는 그렇지 않고 깨끗하다. 인생에서 연기는 후회에 해당한다.

여러분은 어떤 삶을 원하는가? 난 완전연소가 되는 인생을 원한다. 여한 없이 살다 가고 싶다. 내가 좋아하는 일을 하면서 살다 깨끗하게 가고 싶다. 에너지를 온전히 모두 쓰고 죽고 싶다. 여러분은 어떤가?

완전연소: _____
불완전연소: _____

외로움과 그리움

외로움은 추상적이다. 막연하게 혼자 있으니까 쓸쓸하고 적적한 것이다. 누군가 옆에 있게 되면 사라진다. 그리움은 구체적이다. 특정인이 보고 싶은 것이 그리움이다. 당연히 그 사람 외에는 문제를 해결할 방법이 없다.

외로움: _____
그리움: _____

외향성과 내향성

활달하고 말이 많고 친화력이 좋고 밖으로 나다니는 걸 좋아하면 외향적일까? 말이 적고 집에 있는 걸 좋아하고 수줍어하면 내향적일까? 그렇지 않다. 둘을 나누는 기준점은 긍정적 자극에 대한 반응성이라고 한다. 에너지를 얻기 위해 어떤 자극이 있어야 하느냐, 어떻게 에너지를 충전하느냐가 기준점이다. 외향성은 많은 사람과 어울리고 자극을 받고 그런 과정에서 에너지를 얻는다. 내향적인 사람은 많은 사람과 있을 때보다 혼자 있을 때 에너지를 얻는다.

난 어떨까? 사람들과 어울리는 걸 좋아하긴 하지만 오래 있다 보면 힘이 든다. 사람을 만나서도 에너지를 받는 경우가 있긴 하지만 혼자 있을 때 더 많은 에너지를 얻는다. 혼자 있으면서 얻은 에너지를 밖에 나가 사람 만나는 데 쓰고 집에 와 다시 충전하는 식이다. 이걸 외향적이라고 해야 하나, 아니면 내향적이라 해야 하나?

외향성: _____
내향성: _____

욕망과 소망

둘 다 바라는 것이지만 죽음을 대입하면 차이를 알 수 있다. 욕망은 죽음 앞에서 힘을 쓰지 못한다. 소망은 죽음을 앞두고 더 강렬해진다.

"평소에 갈망하던 것인데 죽음을 앞두고는 의미가 없어지거나 급속히 가치가 퇴색하는 건 욕망이다. 소망은 오히려 반대다. 머지않아 죽는다고 생각하면 더욱 간절하게 이루고 싶어진다."

독일 실존철학자 마르틴 하이데거Martin Heidegger가 한 말이다.

욕망: _____

소망: _____

욕망과 절제

흔히 욕망을 버려야 한다고 주장한다. 마음을 비우고 심플하게 살라고 얘기한다. 난 동의하지 않는다. 욕망은 원초적인 것이다. 그건 의도적으로 없앨 수 있는 게 아니고 없앨 대상도 아니다. 사람은 욕망할 수 있어야 한다. 단 욕망할 것을 욕망하고 욕망하지 않아야 할 것을 욕망하지 않아야 한다. 그런데 대부분 사람들은 반대로 한다. 욕망할 것은 욕망하지 않고 욕망하지 않아야 할 것은 욕망한다. 또 다른 하나는 과도함이다. 욕망이란 액셀은 절제라는 브레이크를 필요로 한다.

욕망: _____

절제: _____

우울증과 화풀이

둘의 원인은 같다. 바로 화火다. 화는 불이다. 불은 누군가를 태운다. 더 이상 태울 게 없을 때 비로소 꺼진다. 그 화가 외부를 향하면 화풀이가 되고 안을 향하면 우울증이 된다. 우울증은 자신을 망가뜨리고 화풀이는 상대를 힘들게 한다. 최선은 불을 지르지 않는 것이다. 불을 생산하지 않는 것이다. 차선은 불을 제대로 다스리는 것이다.

내가 생각하는 효과적인 다스림은 바로 운동이다. 산에 오르거나, 계속해서 걷거나, 힘든 근육 운동을 해보라. 어느 순간 화는 사라지고 없다. 내가 왜 화가 났는지도 모를 경우도 있다.

우울증: _____

화풀이: _____

운동, 독서, 글쓰기

잘산다는 건 늘 깨어 있어야 한다는 말과 동의어다. 깨어 있는 것의 반대는 마비 혹은 잠들어 있는 것이다. 그런데 어떻게 나를 깨울 것인가? 운동은 몸을 깨운다. 운동하지 않으면 몸이 잠든다. 몸이 마비된다. 몸이 굳어진다. 오십견은 어깨가 굳어가는 걸 내버려두었다가 오는 병이다.

독서와 글쓰기는 정신을 깨운다. 정신도 가만히 놔두면 잠들거나 마비된다. 문제는 자신이 마비됐다는 사실을 인지하지 못한다는 것이다. 정신을 깨우는 건 바로 독서와 글쓰기다. 대부분 사람들은 셋 다 하지 않는다. 당연히 몸도 정신도 굳어진다.

운동은 몸을 깨우고 독서는 정신을 깨운다. 가만히 있으면 사람들은 자신의 몸 상태를 인지하지 못한다. 내 몸이 얼마나 굳어 있고 굳어가는 중이란 걸 실감할 수 없다. 운동하면 알 수 있다. 운동이 중요한 이유는 몸에 대한 상태를 실시간으로 알려주기 때문이다. 사실 몸은 노화되는 것이 아니라 퇴화 중일 수 있다. 노화 속도를 줄이는 최선의 방법은 굳어가는 몸을 계속해서 깨우는 것이다.

주기적으로 몸을 펴고 안 쓰던 근육을 쓰고 자극을 줘서 부드럽게 하는 것이다.

머리도 마찬가지다. 무엇이든 가만히 놔두면 나빠진다. 다만 그런 사실을 인지하지 못할 뿐이다. 그렇다면 머리를 말랑말랑하게 하는 최선의 방법은 무엇일까? 공부다. 독서를 통해 지적 자극을 주고 자기 생각을 깨우고 새로운 사람을 만나는 것이다. 또 다른 방법은 글을 쓰는 것이다.

운동:
독서:
글쓰기:

운동에너지와 위치에너지

전무나 사장은 위치에너지가 높다. 어떤 일을 하고 싶다는 건 운동에너지다. 젊을 때는 운동에너지로 힘차게 일하던 사람도 직급이 올라가면 그게 위치에너지로 전환된다. 일 잘하던 사람이 승진하면 그 일을 감당할 수 없는 위치까지 올라가 결국 무능한 상급자가 된다. 피터의 법칙이다. 상층부에 무능한 사람이 있는 것도 문제지만 일 잘하던 사람이 맞지 않는 자리로 승진하는 것도 문제다. 운동에너지가 위치에너지로 변한 것이다.

운동에너지: _____
위치에너지: _____

원조와 장인

신당동 떡볶이, 신림동 순대, 마산 아구찜같이 동네와 음식이 연상되는 경우가 제법 있다. 한동안 방배동 카페 골목에도 아구찜집이 많았고 다들 간판에 원조를 넣었다. 지금은 다 사라졌다. 원조와 음식이 아무 관계가 없다는 것이 증명됐기 때문이다. 원조로 도배한 음식점을 볼 때마다 원조의 정의가 뭘까를 생각한다. 원조의 정의는 가장 먼저 한 것 아닐까? 그런데 음식점에서 원조가 그렇게 중요할까? 처음 만들었다는 것이 가장 맛있다는 것과 동의어는 아닐 것이다.

내가 만약 음식점을 차리면 어떻게 할까? 난 원조 같은 말은 쓰지 않을 것이다. 혹시 쓴다면 장인이란 말을 쓸 것이다. 사실 아무 말도 쓰고 싶지 않다. 원조니 장인이니 하는 단어는 내가 쓰는 게 아니다. 고객들이 음식을 먹은 후 자기들끼리 하는 말이다. 원조가 남발하고 있는 건 그만큼 자기 음식에 자신감이 없다는 뜻 아닐까?

원조: ＿＿＿＿＿＿＿＿＿＿＿＿＿＿＿＿＿＿＿＿＿＿

장인: ＿＿＿＿＿＿＿＿＿＿＿＿＿＿＿＿＿＿＿＿＿＿

위기와 불안

1.

위기는 남이 아닌 자신이 스스로 인식한다. 위기는 미래의 자기 모습과 현재 모습 사이의 괴리를 줄이기 위한 시그널이다. 동력으로 활용할 수 있다. 불안은 막연한 공포와 걱정이다. 현실을 직시하지 않고 해야 할 일을 하지 않았을 때 오는 현상이다. 에너지를 빼앗는다. 불안을 해소하는 방법은 해야 할 일을 액션으로 옮기는 것이다.

2.

"위기와 불안을 구분해야 한다. 위기는 치열한 고민의 결과다. 스스로 인식해 극복을 위한 에너지로 삼을 수 있다. 긍정의 단어다. 불안은 막연함이다. 앞이 보이지 않는 막연한 공포와 걱정이다. 부정의 단어다." 삼성SDI 조남성 전 사장이 한 말이다.

위기: _____

불안: _____

위대한 사람, 평범한 사람, 편협한 사람

"위대한 사람은 아이디어에 대해 얘기한다. 평범한 사람은 사건에 대해 얘기한다. 편협한 사람은 남의 험담을 하거나 남을 판단하길 좋아한다."

미국 해군 제독 하이먼 리코버Hyman Rickover가 한 말이다.

말하는 것을 보면 그 사람이 어떤 사람인지 알 수 있다. 대화 내용까지 들어보면 그 사람에 대해 훨씬 많은 걸 알 수 있다. 내용의 소재가 그가 어떤 사람인지를 잘 보여주기 때문이다.

고대 로마의 철학자 마르쿠스 키케로Marcus Cicero는 세상에서 가장 힘든 일 세 가지를 얘기한다. 첫째, 다른 사람이 날 괴롭힌 일을 잊어버리는 일. 둘째, 한가한 시간을 잘 보내는 일. 셋째, 비밀을 지키는 일이 그것이다. 그중 가장 힘든 일은 혼자서 한가한 시간을 잘 보내는 일이다.

위대한 사람: _____
평범한 사람: _____
편협한 사람: _____

위선과 위악

1.

조폭 또는 범죄자는 문신을 한다. 열악한 환경에서 살아남기 위해서다. 호락호락하게 보이면 살아남지 못한다. 문신은 자기가 험상궂고 성질 사나운 인간임을 선언하는 것이다. 그게 위악이다. 위선의 정반대다. 대부분 문신을 한 사람들은 후회막급이다. 문신의 위력이 없을 뿐 아니라 문신이 전과자의 표식으로 읽히기 때문이다. 위악이 약자의 의상이라면 위선은 강자의 의상이다. 의상은 위장이다. 겉으로 드러날 뿐 그 본질이 아니다. 시위 현장도 마찬가지다. 붉은 머리띠는 단결과 전의를 상징하는 약자의 위악적 표현이다.

강자의 현장은 법정이다. 검은 법의는 엄숙성과 정숙성이다. 시위 현장의 소란과 대조적이다. 동물의 세계에서는 약한 동물이 비명을 지른다. 약한 동물을 먹이로 삼는 맹수는 소리 없이 움직인다. 문제는 위선이 미덕으로, 위악이 범죄로 재단되는 것이다. 약자의 위악은 잘 보이지만 강자의 위선은 잘 보이지 않는다. 잘 보이지 않는 것이 아니라 잘 보지 못한다. 그런데 감옥에서는 잘 보인다. 미셸 푸

코Michel Foucault는 "감옥은 감옥 바깥에 있는 사람들로 하여금 자기들은 감옥에 갇혀 있지 않다는 착각을 주기 위한 정치적 공간이다."라고 말했다. 위선과 위악의 베일을 걷어내는 공부를 해야 한다.

신영복의 저서 『담론』에 나오는 내용이다.

위선: _____

위악: _____

위임과 방임

위임은 직원을 신뢰하고 업무를 맡기는 것이다. 방임은 상대에 대해 전혀 생각하지 않고 업무를 맡기는 것이다. 그 사람이 그 일을 할 수 있는지 아닌지, 그 일에 제대로 될지 안 될지를 생각하는 대신 일단 떠넘기는 데 신경을 쓴다. 비슷한 것 같지만 완전히 다르다.

위임: _____
방임: _____

유명, 악명, 저명

모두 이름이 알려진 것이다. 유명은 글자 그대로 이름이 있다. 이름이 나면 유리한 점이 많다. 광고해서 돈도 벌 수 있고 팬들도 많이 따른다. 그런데 이런 것이 좋은 것만은 아니다. 유명하면 유명세를 내야 한다. 유명에 따른 대가다. 불편한 점이 한둘이 아니다. 악명 역시 유명하긴 하지만 돈도 명예도 없다. 감방 안에 있을 확률이 높다. 저명은 다르다. 학문적으로 뛰어난 사람에게 붙는다. 얼굴은 별로 알려져 있지 않지만 이름은 알려져 있다.

난 유명보다는 저명을 택하고 싶다. 얼굴이 알려지기보다 이름이 알려지고 싶다.

유명: _____
악명: _____
저명: _____

유명무실과 명실상부

유명무실有名無實은 이름과 달리 실제 보니 별 볼 일 없다는 뜻이고 명실상부名實相符는 듣던 대로 역시 괜찮다는 확인의 뜻이다. 난 어디에 속할까? 사람들은 나를 어떻게 평가할까? 혹시 유명무실로 생각하는 건 아닐까? 두 단어는 내가 늘 염두에 두는 말이다. 이왕이면 명실상부한 사람이 되고 싶다.

유명무실: _____

명실상부: _____

유효한계와 안전한계

하루 한 시간 걷는 걸 운동이라고 착각하는 사람이 있다. 그 정도로는 몸의 변화가 일어나지 않는다. 유효한계에 도달하지 못했기 때문이다. 유효한계란 그 한계치를 넘어야 효과가 있다는 말이다. 그 말에 대비되는 말은 안전한계다. 안전을 해치지 않는 범위를 말한다. 너무 무리한 웨이트를 들다 부상을 당하는 건 그 사람의 안전한계를 어겼기 때문이다.

모든 일에 유효한계와 안전한계를 고려하면 도움이 된다. 둘 사이에 목표를 설정할 때 변화를 이끌어낼 수 있다.

유효한계: _____
안전한계: _____

이미와 비록

중국의 스타 발굴 프로그램 〈중궈다런슈〉에 두 발로 피아노를 연주하는 사람이 나왔다. 그는 10세 때 변압기를 건드려 팔을 잃었다. 그 후 처음 꿈은 수영이었다. 하지만 악성홍반으로 그 꿈을 접는다. 그는 자신의 삶을 불행하다고 생각하지 않는다. 인생이란 다른 일을 경험하는 것이고 자신은 두 팔이 사라지는 경험을 한 것뿐이라고 생각한다. 만약 사고가 나지 않았다면 어떤 삶을 살았겠느냐는 질문에는 이렇게 답한다.

"그런 가정은 불필요하다. 나는 왜 이렇게 태어났을까, 왜 불행할까 같은 생각은 쓸데없는 생각이다. 그런 시간에 차라리 잠을 자는 게 낫다. 현실에는 이미와 비록만 존재한다. 이미 일어난 일이니 어쩔 수 없다고 생각하면 운명의 길을 따라 어둠 속을 걷게 된다. 비록 일어나긴 했지만 극복해야겠다는 사람은 원하는 대로 살 수 있다."

이미: _____

비록: _____

이상한 소비와 소비 트렌드

누군가 망상에 시달리면 정신 이상이라고 한다. 다수가 망상에 시달리면 종교라고 한다. 영국의 진화생물학자 리처드 도킨스Richard Dawkins의 말이다. 한 사람을 죽이면 살인자라고 한다. 하지만 100만 명을 죽이면 영웅이라고 한다. 마찬가지로 한 사람이 다른 사람과 다른 소비를 하면 이상한 소비라고 하지만 다수가 그렇게 소비하면 소비 트렌드라고 한다. 한 사람과 많은 사람들 간의 무지막지한 차이다.

이상한 소비: _____

소비 트렌드: _____

이성과 경험

"이성은 생각을 생산하는 공장이고 경험은 거기 들어가는 원료다."

독일 철학자 이마뉴엘 칸트Immanuel Kant의 말이다.

이성: _____

경험: _____

이어달리기와 함께 달리기
(순차적으로 일하기와 병렬식으로 일하기)

보통 각자 위치에서 각자의 일을 한다. 어떤 회사는 마케터가 디자인에 대해 얘기하는 걸 금기시한다. 디자이너 역시 기획에 대해 말하지 않는다. 기획이 끝난 후 디자인으로 넘어가고 이후 마케팅을 한다. 컨베이어식이다. 이어달리기를 한다. 순차적으로 일을 한다. 마음은 편하다.

하지만 개발자가 마케팅에 대해 얘기할 수 없고 마케터가 디자인에 대해 얘기할 수 없다면 예쁜 쓰레기가 될 가능성이 높다. 공동의 목표를 잘 달성하기 위해 서로의 일에 적극적으로 간섭할 수 있어야 한다.

이어달리기: _____
함께 달리기: _____

이타심과 이기심

　이타심과 이기심은 분리할 수 없다. 반대말 같지만 비슷한 말이다. 이기심이 이타심이고 이타심이 이기심이다. 행복은 이타심에서 오고 불행은 이기심에서 온다. 남을 위하는 것이 곧 나를 위하는 것이고 나를 위하는 것이 바로 남을 위하는 것이다. 그만큼 이타심과 이기심은 혼재되어 있다. 이타적 행동이란 넓게 보면 나 자신을 위한 것이다. 다른 사람이 나와 연결되어 있다는 사실을 알면 이타성은 싹트기 시작한다. 혼자 잘사는 것은 아무 소용이 없다.

　그런 면에서 이타심은 성숙한 이기심이다. 순서는 내가 먼저 건강하고 행복한 것이다. 내가 건강하고 행복하지 않은데 남을 행복하게 할 수는 없다. 내 안의 넘치는 행복감이 남에게 전달되는 것이 이타심이다. 내가 행복해야 더불어 남을 행복하게 할 수 있으며 남의 행복이 나에게 전해지는 선순환이 이루어진다. 나 없이 남을 도울 수는 없다.

이타심: _____
이기심: _____

인색과 검약

"가난하다고 다 인색한 건 아니다. 부자라고 모두 후한 건 아니다. 그것은 사람 됨됨이에 따라 다르다. 인색함은 검약이 아니며 후함은 낭비가 아니다. 인색한 사람은 자신을 위해 낭비하지만, 후한 사람은 자신에게는 준열하게 검약한다. 후한 사람은 늘 성취감을 맛보지만 인색한 사람은 먹어도 늘 배가 고프다. 이는 천국과 지옥의 차이다."

소설가 박경리가 한 말이다.

인색: _____

검약: _____

인질과 자원봉사자

강의장에 억지로 끌려온 사람은 인질이다. 자기 돈을 내고 공연장에 온 사람은 자원봉사자다. 큰 차이가 있다.

인질: _____
자원봉사자: _____

일과 놀이

"둘을 구분하는 기준은 자발성이다. 억지로 몸을 움직여야만 한다면 그 무슨 일이든 그건 노동이다. 억지로 몸을 움직일 필요가 없다면 그 무슨 일이든 그건 놀이다."

미국 소설가 마크 트웨인이 한 말이다. 공부도 그렇다. 억지로 하기 싫은 공부를 하면 그건 노동이고 사역이다. 하고 싶어 하는 공부는 놀이 중 최고의 놀이다. 그런데 어떻게 하면 자발성이 생길까? 가만히 있는데 어느 순간 공부하고 싶은 생각이 들까? 불가능한 일이다. 자발성은 비자발성을 전제로 한다. 억지로 주입식으로 했는데 어느 순간 그것의 효용성을 알게 된다. 연결고리를 찾을 수도 있고, 그 안에 숨어 있는 작동원리를 발견하기도 하고, 배운 지식이 돈이 되기도 하고, 해결방법을 제시해주기도 하는 작은 경험이다.

일: _____

놀이: _____

일관성과 변덕

　내가 생각하는 일관성은 속과 겉이 같은 것이다. 말과 행동의 일치다. 처음부터 끝까지 한결같은 사람에게 붙이는 말이다. 이 말의 반대말은 변덕이 죽 끓듯 하는 것이다. 감정 기복이 심한 것, '그때그때 달라요'다. 일관성의 결과물은 예측가능이다. 그 사람의 행동이나 반응을 예측할 수 있는 것이다. 예측가능의 결과물은 신뢰다.

　신뢰는 그냥 오는 게 아니다. 예측이 가능해야 신뢰할 수 있다. 예측할 수 없으면 불안하다. 그때그때 다르고 그 사람 감정 상태에 따라 반응이 다르다. 내가 어떻게 해야 좋을지 알 수 없다. 그런 사람은 피하는 게 상책이다.

일관성: _____

변덕: _____

일자리와 일거리

　일자리는 남이 만들어준다. 남이 만들기 때문에 내 뜻과 관계없이 언제든 사라질 수 있다. 일자리는 수동적 개념이다. 일거리는 내가 만든다. 내가 주도적으로 결정하기 때문에 내가 없애기 전에는 없어지지 않는다. 능동적이다. 활기가 느껴진다. 일자리는 한정적이지만 일거리는 무한대다. 일자리보다 일거리가 중요하다.

일자리: _____

일거리: _____

임무와 업무

임무任務는 책임지고 내가 해야 할 일이다. 내게 주어진 역할이다. 내가 해야만 하는 일이다. 사명에 가깝다. 업무業務는 임무를 위해 할 일이다. 임무의 하위개념이다. 임무가 정확하지 않으면 업무의 생산성이 떨어진다. 그래서 임무를 명확히 해야 한다. 왜 이 일을 해야 하는지는 임무다. 임무를 위해 뭘 해야 하는지가 업무다.

임무: _____
업무: _____

입신양명과 명철보신

입신양명立身揚名은 이름을 날리고 출세한다는 뜻이다. 효도의 대명사로 자주 쓰인다. 이와 대조적인 것이 명철보신明哲保身이다. 도리를 좇아 일을 처리해 몸을 보호한다는 의미다. 옳고 그르고의 문제라기보다는 취향의 문제다. 당신은 어느 쪽에 마음이 가는가? 난 명철보신이란 말이 좋다. 이름을 날리는 것도 좋지만 조용히 하고 싶은 일을 하면서 사는 것이 끌린다.

입신양명: _____

명철보신: _____

읽는 것과 먹는 것

둘 다 삶에 필수적이다. 읽어야 정신이 풍요롭고 지혜로운 사람이 된다. 먹어야 살 수 있다. 재미있어야 읽게 되고 맛있어야 먹게 된다. 그런데 맛있는 음식만 먹을 수는 없듯이 재미있는 것만 읽을 수도 없다.

읽는 것: _____
먹는 것: _____

ㅈ, 大

자기애와 자기도취

　자기도취는 불안하고 외부 지향적이다. 누가 나를 보고 있는지 뒤돌아보는 태도가 자기도취다. 이런 사람은 자신을 사랑하는 것처럼 보이지만 실제 사랑에 인색하다. 이기심, 동정심 부족, 다른 사람과의 갈등, 광적으로 남의 인정을 구하기 등으로 나타난다. 진정으로 자신을 사랑하는 사람은 자신에 대해 이미 만족한다. 따라서 다른 사람에게 그것을 증명하거나 인정을 받으려고 애쓰지 않는다.

자기애: _____

자기도취: _____

자기 인식과 타인 인식

우리는 늘 누군가를 인식하면서 살아간다. 그를 관찰하고 행동을 분석하고 자기 생각과 다를 때는 답답해한다. 그래서 늘 '저 사람은 왜 저래?'란 의문을 품는다. 그 사람 역시 나를 보며 비슷한 생각을 할 것이다.

그런데 자신에 대해서는 다르다. 자기 생각은 늘 옳고 뭔 일이 있을 때도 자연스럽게 합리화한다. 자신은 그럴 수밖에 없다며 넓은 아량을 보인다. 자기에게는 자비롭고 상대에게는 까다롭다. 순서가 잘못된 것 같다. 남을 인식하기 전에 나 자신을 먼저 인식해야 한다. 저 사람이 왜 저런지를 생각하기에 앞서 자신을 냉정하게 살필 수 있어야 한다. 그럼 많은 갈등과 미움이 사라질 것이다.

자기 인식: _____

타인 인식: _____

자긍심과 자만심

"자만심은 일종의 정신적 비만증이다. 비만은 영양을 과잉 섭취하기 때문이다. 자만심은 몸과 마음에 힘이 너무 들어가는 것이다. 반면 건강한 자긍심을 가진 사람은 굳이 몸과 마음에 힘을 줄 이유가 없다. 자긍심은 자신의 단점과 장점을 통합해서 보는 능력을 의미한다. 나뿐 아니라 상대의 나르시시즘도 같이 인정할 때 자긍심이 생긴다."

정신과 전문의 양창순의 저서 『당신 자신이 되라』에 나오는 내용이다.

자긍심: _____
자만심: _____

자기착취와 타자착취

입지전적 인물은 지금도 종종 등장해 평범하게 살고 있는 사람들 가슴을 헤집어 놓는다. 당신도 할 수 있으니 포기하지 말고 열심히 한번 살아보라는 것이다. 원론은 맞지만 그게 어디 쉬운 일인가? 때로 사회적 모순을 합리화시키는 도구일 수 있다. 그럼 어떤 일이 일어나는가? 자신을 채찍질하거나 몰아세운다. 말할 것도 없이 피로한 삶이다. 바늘구멍만 한 가능성을 향해 온 힘을 짜내야 한다. 자기착취를 강요한다.

성과사회의 문제는 주체가 스스로를 착취하고 있다는 것이다. 본인이 가해자인 동시에 피해자다. 타자착취보다 훨씬 효과적이다. 사람들이 완전히 망가질 때까지 자신을 자발적으로 착취한다. 이제는 내가 나의 착취자다. 나를 강제하는 이가 없어도 알아서 더 분발해야 하고 할 수 있는 것을 안 해서는 안 된다. 외부 강제는 저항할 수 있지만 자발적 복종은 의식조차 못 하기에 거부할 수 없다. 그래서 더 무섭다.

이런 자기착취는 우울증이나 공황장애 신경증과 세트로 현대인을 힘들게 한다.

정희재의 저서 『아무것도 하지 않을 권리』에 나오는 내용이다.

자기착취: _____
타자착취: _____

자만, 오만, 교만

"자만은 자신을 뽐내는 것, 오만은 남의 말을 듣지 않는 것, 교만은 남들이 눈에 보이지 않는 것이다."

세계적인 지휘자 아르투로 토스카니니Arturo Toscanini의 말이다.

알려질 만큼 알려진 유명인을 만난 적이 있다. 70세 가까이 된 분이다. 그분은 처음 만난 나에게 "자신이 얼마나 대단한 사람인지, 사람들이 자신에게 얼마나 열광하는지"를 설명하는 데 오랜 시간을 썼다.

하지만 처음 만난 내게는 아무 질문도 던지지 않았다. 난 측은한 생각이 들었다. "저 정도로 유명하면 됐지 뭐가 부족해 아직도 저 나이에 저렇게 자기 자랑을 하고 다닐까, 저렇게 살고 싶을까?" 그분 눈에는 오로지 자신만 있을 뿐 남들은 눈에 들어오지 않는다. 그게 바로 교만이다.

교병필패驕兵必敗란 말이 있다. 교만할 교驕, 군사 병兵, 반드시 필必, 패할 패敗이다. 자기 군사력의 강함만 믿고 섣불리 적에게 위엄을 보이려 하면 반드시 패한다는 뜻이다. 교만하면 반드시 패배한다는 말이다. 서양 격언 중 이런 말이 있다. "오만이 앞서면 치욕이 뒤따른다Pride goes before, shame follows after."

자만: _____
오만: _____
교만: _____

자만심과 자긍심

둘의 차이는 나르시시즘의 차이다. 둘 다 자신을 괜찮다고 생각하는데 자만심은 조금 오버한 상태다. 자기만 똑똑하지 남도 똑똑하단 생각을 하지 못한다. 자기만 보느라 남이 눈에 들어오지 않는다. 자신의 단점에도 생각이 미치지 못한다. 당연히 실수할 가능성이 높고 다른 사람의 반감을 불러올 수 있다.

자긍심은 건강한 자부심이다. 자신을 자랑스러워하지만 굳이 이를 드러내지 않는다. 자신이 괜찮다는 사실을 증명받고 싶어 하지 않는다. 자신의 강점도 보지만 단점 역시 쿨하게 보고 있다. 자랑질을 많이 하는 건 자만심이고 자랑질은 안 하지만 자신을 자랑스럽게 생각하는 건 자긍심이다.

자만심: _____
자긍심: _____

자발성과 무기력

자발성은 스스로 우러나와서 하는 걸 뜻한다. 자발성의 반대는 억지로 하는 것이다. 하고 싶지 않은데 남의 강요에 의해 할 수 없이 하는 것이다. 자기가 선택해서 하는 일은 힘들지 않다. 스스로 선택한 짐은 무겁게 느껴지지 않는다. 반대로 아무리 좋은 일도 남의 강요에 의해 하면 즐겁지 않다. 자발성이 사라지면 결과물로 무기력이 온다. 내 힘으로 할 수 있는 일이 적어지고 그 자리에 원망 혹은 남 탓이 늘어나면서 무기력해진다. 수동적인 직장 생활이 위험한 이유가 바로 이런 무기력을 학습하기 때문이다.

자발성: _____

무기력: _____

자발적 신뢰와 강요된 신뢰

일본과 한국 중 어느 나라의 신뢰성이 더 높을까? 한국이란다. SBS 유영수 기자가 삼성경제연구소에서 주장한 말이다. 왜? 일본은 신뢰가 순수한 의미의 신뢰가 아니라 강요된 신뢰다. 강요된 신뢰의 결과로 안심할 수 있는 사회란 것이다. 신뢰를 깼을 때의 대가가 너무 크기 때문에 그게 두려워 신뢰를 깰 수 없는 것이다. 신뢰이긴 하지만 자발적이 아닌 타의의 강요에 의한 것이란다. 손오공이 말을 잘 듣는 이유가 그렇지 않으면 삼장법사가 주문으로 고통을 주기 때문인 것과 같다는 것이다. 참 흥미로운 주장이다.

자발적 신뢰: _____

강요된 신뢰: _____

자서전과 평론

자서전은 본인이 자기 얘기를 직접 늘어놓는다. 당연히 본인 위주고 왜곡 혹은 과장의 가능성이 높다. 객관성이 떨어진다. 평론은 다르다. 다른 사람 눈에 비친 그 사람에 관한 얘기다. 자서전에 비해 객관성이 높다. 그래서 난 자서전보다는 평론을 더 높이 평가한다.

자서전: _____

평론: _____

자유, 질서, 평등

　자유와 질서는 서로 모순되는 개념이다. 자유를 지나치게 존중하면 질서가 파괴되고 질서 지키기가 지나치면 자유가 사라진다. 그런데 두 가지는 양립해야만 한다. 자유가 없는 곳에 진보는 없고, 질서가 지켜지지 않으면 진보는커녕 목숨조차 위태로워지기 때문이다.

　"자유와 평등은 민주주의의 두 축이다. 그만큼 중요하다. 사람은 누구나 자유를 누릴 수 있으며 법 앞에 평등하다. 그런데 둘 사이에는 어떤 상관관계가 있을까? 자유가 커지면 평등이 감소하고, 평등이 커지면 자유가 감소하는 것이다."

　미국의 문명사학자 윌 듀란트Will Durant가 한 말이다.

자유: _____

질서: _____

평등: _____

자존심과 자존감

자존심은 밖을 향하고 자존감은 안을 향한다. 자존심은 남이 나를 어떻게 생각하는지를 생각하고 자존감은 내가 나를 어떻게 생각하는지를 생각한다. 타인의 평가에 나를 맡기는 것이 자존심이라면 타인의 평가와 관계없이 내가 스스로 어떻게 평가하는지를 보는 것이 자존감이다.

자존심이 상한다는 말은 자존감이 낮기 때문일 경우가 많다. 자존감이 낮기 때문에 남의 평가에 민감하게 되는 것이다. 자존감이 높다면 남이 나를 어떻게 보든 개의치 않는다. 그렇기 때문에 자존감을 높여야 한다. 나 자신을 괜찮은 사람으로 인지하기 위해 노력해야 한다. 그럼 자존심 상한다는 생각 따윈 하지 않게 된다.

자존감은 스스로를 인정하는 것이고 자존심은 남에게 인정받길 원하는 것이다. 혼자서 자존심이 상할 수는 없다. 자존심은 타자를 전제한다. 하지만 자존감을 세우는 것은 철저하게 자기 자신과의 화해이자 관계 설정이다. 자존감은 내가 나를 보는 관점과 평가이고 자존심은 남이 나를 보는 관점과 평가이다. 스스로 진실되게 평가하고 객관화해 있는 그대로 나를 받아들이는 게 자존감이다. 그럼 이립而立할 수 있다. 자존심이 상할 일이 없다. 남이 나를 과소평가해도 내 실력을 알기에 흔들리지 않는다. 과대평가되어도 겸허함을 유지할 수 있다. 내가 가진 실제 능력보다 남들이 나를 더 높게 평가해주길 바라는 데서 불안과 열등감이 시작된다. 자존감의 레벨과 자존심의 레벨의 격차가 크면 클수록 불행하다.

남에게 높은 평가를 받기 원하면 실력을 키우면 된다. 자기 실력은 자기만 안다. 자기 실력을 알고 자기 주제를 아는 사람은 타인의 평가에 흔들리지 않게 마련이다. 자신감은 타인을 전제하고 자존감은 타인을 전제하지 않는다. 자신감은 종속이고 자존감은 독립이다. 자존심은 노예이고 자존감은 주인이다.

헤드헌팅 회사 DHR의 김민교 이사가 한 말이다.

자존심: _____

자존감: _____

잔소리와 가르침

잔소리와 가르침은 구분해야 한다. 노생상담老生常談이란 고사가 있다. 늙은 서생이 늘 하는 똑같은 말이란 뜻이다. 참신하지 못하고 상투적인 생각이나 말을 반복할 때 쓰는 표현이다. 중국 고전 『세설신어』「규잠」편에 나오는 말이다.

노생상담 같은 소리만 하면 발전이 없다. 잔소리를 제대로 하려면 새로운 콘텐츠를 개발해야 한다. 공부를 해야 한다. 과거의 경험에서 빠져나와 스스로 새로워져야 한다. 새롭지 않으면 통하지 않는다. 잔소리 대신 가르침을 줘야 한다. 호통을 치는 것도 삼가야 한다. 호통을 치면서 내뿜는 사악한 기운은 호통을 당하는 사람에게 전달된다. 이 나쁜 기운을 반복적으로 받고 속에서 삭이지 못하고 응어리가 생긴다. 상습적으로 호통을 당하면 화병이 생긴다.

조직은 상사를 두려워하고 경직된다. 눈치를 보고 냉소주의가 만연한다. 잘해보겠다는 의욕보다는 욕 안 먹겠다는 보신이 자리를 잡는다. 불필요한 오해와 갈등이 생기고 안정감을 상실한다. 호통은 조직을 병들게 한다.

언론인인 김봉국의 저서 『승자의 안목』에 나오는 내용이다.

잔소리: _____
가르침: _____

잘난 척하는 것과 잘난 것

자신감과 능력을 혼동해서는 안 된다. 사람들은 대체로 나르시시스트다. 자신을 과대평가한다. 그런 사람일수록 위로 올라가 고춧가루를 뿌릴 확률이 높다. 지난 수십 년간 무능한 정치가들을 수없이 봐왔는데 시간이 지날수록 더욱 질이 떨어진다. 교수 출신으로 청와대에 진출했다가 망신당하는 사람이 많다. 참 안타까운 일이다. 가만히 있었으면 괜찮은 사람으로 착각할 수도 있었는데 괜히 중원에 나가 '잘난 척하는 것과 잘난 것은 완전히 다르다.'라는 걸 실험적으로 보여줬다.

정말 잘났다면 자신이 잘난 걸 증명할 수 있어야 한다. 잘났다고 생각하는가? 그럼 이를 증명하라. 나를 비롯한 모든 사람이 가진 영원한 숙제다.

잘난 척하는 것: _____
잘난 것: _____

잘사는 것과 잘하는 것

고대 그리스어에 에우 프라테인Eu Prattein이란 말이 있다. 고대 그리스어 탁월함의 의미인 에우eu와 행복을 뜻하는 프라테인prattein의 합성어이다. '어떤 일을 잘하다 혹은 잘해 내다.'라는 뜻이다. 잘사는 것과 행복이란 의미도 담겨 있다.

고대 그리스 철학자 플라톤Plato이 늘 이 말로 편지를 쓰기 시작했다고 한다. 그런데 이 말이 어떤 의미가 있을까? 행복과 어떤 일을 잘한다는 것 사이에는 어떤 상관관계가 있는 것일까? 자신이 하는 일을 제대로 하지 못하면 행복하기 어렵다는 걸로 난 해석한다.

인간의 최고 행복은 자신이 하는 일에서 보람을 느끼는 것이다. 가치 있는 일을 제대로 할 때 참 기쁨을 느낄 수 있다. 반대로 하는 일이 없거나 하는 일에서 보람을 찾지 못하면 행복하기 어렵다.

잘사는 것: _____

잘하는 것: _____

장사와 사업

"명분이 있느냐 없느냐의 차이다. 장사는 실리만 있으면 된다. 사업은 명분도 있어야 한다. (…중략…) 요즘은 명분이 푸대접을 받고 있다. 속내를 감추고 겉으로 표방하는 수식쯤으로 치부되기도 하고, 실사구시의 반대말 정도로 생각한다. 현실을 도외시한 사람들의 공허한 주장, 핑계 찾기, 체면치레의 동의어로 폄하되기도 한다. 그렇지 않다.

사업가는 명분을 중시해야 한다. 도덕적으로 거창하거나 우국충정일 필요는 없다. 명분은 결연하고 비장한 것이 아니다. 무언가를 말하고 행동하는 이유나 근거가 명분이다. 왜 이런 생각을 하며 왜 이렇게 행동하는지를 설명하는 논리다. 스스로 납득할 수 있고 떳떳할 수 있는 논리다. 명분은 밖이 아닌 자신을 향한 것이어야 한다."

KG그룹 곽재선 회장이 한 말이다.

장사: _____

사업: _____

장애와 기회

그것에 대한 우리의 태도일 뿐이다. 어떤 사람은 장애로 생각하고 또 어떤 사람은 기회로 생각한다. 당신은 어떤가?

장애: _____

기회: _____

재능과 강점

1.

재능만으론 성공할 수 없다. 뛰어난 재능을 갖고 평생을 힘들게 사는 사람이 많이 있다. 재능과 강점은 다르다. 재능은 반복되는 생각, 느낌, 행동의 패턴이다. 강점은 성과를 내는 능력이다. 강점은 재능을 갈고닦은 결과물이다. 재능은 원석이고 강점은 원석을 갈고 닦아 만든 다이아몬드다. 재능을 가진 사람은 많으나 이 재능을 강점으로 활용하는 사람은 많지 않다.

강점 관련 전문가 도널드 클리프톤Donald Clifton의 주장이다.

2.

재능은 잠재력이다. 강점은 재능을 갈고닦아 무언가 성과를 낼 수 있는 기술이다. 재능은 갈고닦지 않으면 강점이 생기지 않는다. 낯선 사람과 쉽게 친해지는 건 재능이고 이를 영업에 잘 활용하는 건 강점이다.

3.

"재능이 자랑스러운가? 아니면 당신의 선택이 자랑스러운가? 난 열정을 추구하기 위해 덜 안전한 길을 선택했고 그 선택을 자랑스럽게 생각한다."

아마존 창업자 제프 베이조스Jeff Bezos가 한 말이다.

재능: _____

강점: _____

재벌과 도둑놈

재벌은 모두 도둑놈이란 얘기를 많이 한다. 물론 그런 재벌이 있을 수 있다. 하지만 그 말이 진실일까? 다들 나쁜 짓을 해야 돈을 벌 수 있을까? 그렇지 않다. 난 동의하지 않는다. 그런데 그런 말을 누가 주로 하는가? 그런 얘기를 자꾸 하는 저의가 뭘까? 나는 정직하다, 나쁜 짓을 할 바에는 아무것도 하지 않겠다, 그래서 지금 이렇게 살고 있다. 한마디로 "가난하지만 난 떳떳하다."란 말을 하고 싶은 건 아닐까? 과연 이게 진실일까? 그는 부자가 되고 싶지 않을까? 아니면 부자가 될 능력이 안 되는 자신을 합리화하려고 그런 말을 하는 건 아닐까?

무언가를 변화시키기 위해 가장 먼저 할 일은 자기 마음속을 잘 들여다보는 것이다. 내가 과연 원하는 건 무얼까? 내 생각이 옳을까? 혹시 찌질한 나 자신을 합리화하기 위해 이러는 건 아닐까를 생각해야 한다. 세상 모든 부자가 부정직하다는 생각은 가난한 사람은 모두 성자라는 생각만큼 어리석은 짓이다. 부자도 부자 나름이고 가난한 사람도 가난한 사람 나름이다. 모두를 싸잡아 도매금으로 넘기는 일이 그래서 위험하다.

재벌: _____
도둑놈: _____

적극적 저축과 소극적 저축

저축에는 두 종류가 있다. 적극적 저축과 소극적 저축이 그것이다. 유학을 가기 위해, 창업을 하기 위해 하는 저축은 적극적 저축이다. 막연한 불안 때문에 하는 저축은 소극적 저축이다. 둘 다 가치가 있지만 난 적극적 저축을 더 선호한다. 뭐든 이유를 찾고 의미를 부여할 때 삶은 달라질 수 있기 때문이다. 무언가를 피하기 위해 하는 것과 무언가를 얻기 위해 하는 것은 강도가 다를 수 있다.

적극적 저축: _____
소극적 저축: _____

적선과 대부

유대인은 적선하지 않고 대부한다. 적선의 행위는 비굴한 마음이 들게 하고 재건에 대한 의욕을 잃게 한다. 주는 게 아니라 빌려주는 것이라면 갚아야 한다는 의무감이 생기고 그에 따라 사회 복귀가 앞당겨진다.

적선: _____
대부: _____

적재적소와 과재적소

"그 자리에 딱 맞는 사람이 앉는 것은 적재적소이고 능력이 넘치는 사람이 조금 작은 자리에 앉는 건 과재적소다. 과재적소는 주어진 임무는 임무대로 완수하면서 남는 시간에 혁신을 이루어낼 수 있다."

이화여대 최재천 교수가 한 말인데 일리가 있다.

그렇다면 모자란 사람이 큰 자리에 앉으면 어떤 일이 일어날까? 본인에게도 그 조직에도 재앙이다. 난 어떤 사람일까?

적재적소: _____

과재적소: _____

전쟁과 외교

전쟁은 무기를 사용한 외교이고 외교는 무기를 사용하지 않는 전쟁이다.

전쟁: _____

외교: _____

절약과 궁상

"절약은 꼭 필요한 곳에는 쓰지만 그렇지 않은 곳에는 쓰지 않는다. 남을 위해서는 쓰지만 자신을 위해서는 쓰지 않는다. 결과는 공감을 얻는다. 궁상은 꼭 필요한 일에조차 쓰지 않는다. 나를 위해서도 남을 위해서도 쓰지 않는다. 결과는 비호감이다."

모임 '글쓰는 사람이 세상을 바꾼다'의 멤버 박제홍이 한 말이다.

절약: _____

궁상: _____

접대와 대접

둘 다 뭔가 잘 해주는 것이지만 차이가 있다. 가장 큰 차이는 대가다. 대가를 바라고 잘 해주는 건 접대고 대가 없이 순수한 마음에서 밥을 사는 건 대접이다.

접대: _____
대접: _____

정적과 적막

주말에 손주들이 오면 집안이 야단법석이다. 뛰어다니고 웃고 울고 넘어지고 부모는 소리 지르고 정말 정신이 하나도 없다. 그러다 손주들이 집을 떠나면 그렇게 조용할 수 없다. 그게 정적이다. 정적靜寂의 고요할 정靜을 파자하면 푸를 청靑+싸울 쟁爭이다. 싸움이 끝난 후의 고요함을 표현한 말이다. 옛날에 전쟁이 잦았던 시절 그런 생각을 하지 않았을까?

처음부터 고요한 건 정적이 아니다. 시끄러움 다음에 오는 고요함이 정적이다. 적막寂寞은 고요할 적, 쓸쓸할 막이다. 막寞을 파자하면 집 면宀+없을 막莫이다. 집에 아무도 없다는 정도로 해석하면 될 듯하다. 아무도 없으니 쓸쓸한 한 것이다. 막막寞寞하다란 말도 비슷한 개념이다. 돈도 없고 건강도 나쁘고 도와줄 사람도 없고 그야말로 아무것도 없을 때 막막이란 단어를 쓴다.

정적: _____

막막: _____

정치꾼과 정치인

정치꾼은 다음 선거를 생각하고 정치인은 다음 세대를 생각한다. 정치인은 양의 털을 깎고 정치꾼은 양의 가죽을 벗긴다.

정치꾼: _____
정치인: _____

정해진 일과 정하는 일

정해진 일인지, 정하는 일인지 분명히 해야 한다. 결정된 일인데 여지가 남은 듯 말한다든지, 지혜를 더 모아야 할 사안인데 결정된 것처럼 마감해 버린다든지 하는 일은 없어야 한다.

정해진 일: _____
정하는 일: _____

정화원정과 서양원정

둘 다 글로벌하게 바다를 건너 세상 구경을 떠났지만 목적이 다르다. 중국의 정화원정은 자기를 알리는 것이 목적이고 에스파냐와 포르투갈의 서양원정은 남을 알기 위해 떠난 것이다. 목적의 차이가 결과의 차이를 가져왔고 동양이 서양에 역전을 허락한 계기가 됐다. 자기를 알리려 노력하는가? 아니면 세상을 알기 위해 노력하는가?

정화원정:

서양원정:

져주는 것과 끌려가는 것

비슷해 보이지만 아주 다르다. 져주는 건 가고자 하는 방향으로 가기 위해 져주는 것처럼 보이는 것이다. 품어주고 낮아지고 물러나는 것이다. 의도적이고 목적이 명확하다. 끌려가는 건 다르다. 자기 방향 대신 상대 방향으로 간다. 하고 싶진 않지만 할 수밖에 없는 것이다. 당연히 원하는 걸 얻을 수 없다.

그런데 어떻게 해야 져줄 수 있을까? 아무나 할 수 없는 일이다. 힘이 있고 용기가 있어야 할 수 있다. 약한 사람은 져줄 수 없다. 힘 있는 사람만이 져줄 수 있다.

져주는 것: _____
끌려가는 것: _____

조각과 소조

조각彫刻은 깎는 것을 말한다. 소조塑造는 진흙 같은 것을 붙여 작품을 만드는 것이다. 둘 다 작품을 만들지만 접근 방법이 다르다. 하나는 붙이고 다른 하나는 떼어낸다. 무언가를 만들 때는 두 가지가 다 필요한 것 같다.

글쓰기도 그런 것 같다. 처음에는 이 생각 저 아이디어를 덧붙여 무언가를 만들고 나중에는 다듬고 교정하면서 불필요한 것을 걷어낸다. 처음은 소조고 나중은 조각이다.

조각: _____

소조: _____

조건부 사랑과 무조건적 사랑

    네가 이런 조건을 만족시키면 사랑할 것이고 그렇지 않으면 사랑하지 않을 것으로 생각하는 것이 조건부 사랑이다. 제법 많은 부모가 이렇다. 기대충족을 못 시키는 자식은 자식이 아니다. 마치 주식투자와 비슷하다. 투자 대비 회수가 되어야 내 자식이란 것이다. 무조건적 사랑은 조건에 상관없이 무조건 사랑하고 사랑할 수밖에 없는 사랑이다. 기준에 조건 따위는 존재하지 않는다. 이게 사랑 아닐까? 자식에 대한 사랑, 손주에 대한 사랑이 그러하다. 그들을 사랑하는 데 아무런 이유를 찾을 수 없다. 오히려 사랑하지 않을 이유를 찾는 게 더 힘들다. 그런데 사랑의 범위를 본능적인 사랑을 넘어서 이웃 사랑, 지구 사랑으로 좀 넓히고 싶다.

조건부 사랑: _____

무조건적 사랑: _____

존중과 존경

존중은 차이와 다름을 인정하는 것이다. 그 모습 그대로 인정해 주는 것이다. 존중이 있다면 관계는 평화로워진다. 존경은 상대가 나보다 훌륭하기에 본받고 싶은 마음을 말한다. 존중은 상대가 나보다 훌륭하지 않아도 상관없다. 오히려 존중은 약자에 대한 태도를 말한다. 나보다 나이가 어리고, 힘이 약하고, 지위가 낮고, 인격적으로 미숙해도 성숙한 이들은 인간으로 존중한다.

정신과 의사 문요한의 저서 『이제 몸을 챙깁니다』에 나오는 내용이다.

존중: _____
존경: _____

종교와 샤머니즘

종교는 내세에서의 행복을 얘기하고 샤머니즘은 내세 대신 현세에서의 행복을 얘기한다. 불로장생 등이 대표적이다.

종교: _____
샤머니즘: _____

좋아하는 것과 잘하는 것

1.

성공하려면 좋아하는 일을 해야 한다. 그런데 왜 그 일을 좋아하는 걸까? 천성적으로? 그럴 수도 있지만 천성적으로 남들보다 잘하기 때문이다. 좋아하는 일의 대부분은 잘하는 일이다. 잘하니까 좋아하고 좋아해서 자꾸 하다 보니까 더 잘하게 된다. 반대로 못 하는데 좋아하기는 쉽지 않다. 잘 못 하지만 해야 하니까 했는데 그걸 잘하긴 쉽지 않다. 꾸준히 하는 건 더더욱 어렵다. 정해진 시간에 간신히 하는 수준이다.

공부를 잘한다고 적성에 맞지 않는 의사를 하는 사람과 잘하고 좋아해서 의사가 된 사람과는 애당초 게임이 되지 않는다. 좋아한다는 것의 전제조건은 잘하는 것이다. 잘하니까 좋아하고 좋아해서 꾸준히 하다 보니까 더 잘하는 것이다.

2.

좋아하는 일을 하면서 살아야 행복하다. 가장 흔하게 듣는 말이다. 이 말을 들을 때마다 이런 질문이 떠오른다. 사람들은 자신이 뭘 좋아하는지 알고 있을까? 좋아하는 일이 잘하는 일일까? 좋아하는 일을 하면서 먹고살 수 있을까? 많은 사람이 자신이 무얼 좋아하는지 잘 알지 못한다. 무얼 좋아하는지 물어보면 대부분의 답변은 여행이란다. 엄밀하게 말하면 관광이다. 여기저기 돌아다니면서 좋은 경치 보고 맛난 거 먹는 걸 말한다. 그걸 싫어하는 사람은 없다. 다음은 문화와 예술, 스포츠, 게임이다. 노래를 듣고 영화를 보고 스포츠를 즐기고 게임을 하는 것이다. 대부분의 사람이 좋아한다. 나 역시 좋아한다.

그런데 이와 관련한 직업은 3퍼센트에 불과하다는 통계가 있다. 극소수의 사람을 제외하곤 직업으로 하기엔 한계가 있다는 것이다. 또 좋아하는 건 계속 변한다. 난 어떨까? 난 새롭고 흥미로운 얘기 듣는 걸 좋아한다. 같은 얘기를 재미있게 표현하는 것도 좋아한다. 낯선 주제에 대해 공부하는 것도 좋아한다. 무엇보다 이를 내 방식으로 소화해 말과 글로 알기 쉽게 전달하는 걸 가장 좋아한다. 이런 일을 그런대로 잘하고 있고 돈도 조금은 된다.

좋아하는 것: _____
잘하는 것: _____

좌절과 체념

둘 다 꺾이는 것이다. 좌절은 외부에 의해 결정된다. 체념은 스스로 결정한다.

좌절: _____

체념: _____

좌파와 우파

좌파는 기존의 것을 인정하지 않는다. 이를 부인하고 파괴하고 새로운 것을 만들려고 한다. 우파는 기존의 것을 인정한다. 문제가 있지만 기존의 틀을 유지하면서 그 안에서 변화를 꾀하려 한다. 좋고 나쁜 건 없다. 사회는 좌파와 우파란 두 바퀴로 굴러가기 때문이다. 하지만 나이에 따라 보는 시각은 달라져야 한다. 관련한 유명한 격언이 하나 있다.

"젊어서 좌파가 아니면 가슴이 없는 것이고, 늙어서도 좌파면 머리가 없는 것이다."

난 어떨까?

좌파: _____
우파: _____

지식과 정보

지식과 정보의 차이는 무엇일까? 오선지 위에 있는 음표는 지식이 아니다. 정보다. 악보만으로 절대 아름다운 음악이 생산되지 않는다. 악보를 읽고 연주하는 능력이 필요하다. 이것이 지식이다. 정보는 문서화된 객관적 자료다. 그러나 정보를 갖고 있다고 모든 사람이 그것을 이용할 수 있는 것은 아니다. 지식은 정보를 이용해 무언가를 창출해낼 수 있는 능력이다. 정보 자체로는 아무것도 생산하지 못한다. 정보는 그것을 활용할 능력이 있는 사람의 손에 쥐어질 때만 지식이 된다.

삼성그룹 CEO 출신 손욱의 주장이다.

지식: _____

정보: _____

지식과 지혜

1.

지식Knowledge은 아는 것이다. 지식은 말하는 것과 글 쓰는 것이다. 많이 배운 사람, 글을 많이 읽는 사람이 지식인이다. 학력과 연계성이 크다. 지혜는 슬기로움이고 깨달음이다. 삶의 여러 문제를 우아하게 잘 해결하면서 사는 것을 뜻한다. 지혜Wisdom의 핵심은 판단 능력이다. 덤dom이란 단어에 판단Judge의 의미가 들어 있다. 결국 지혜는 판단 능력이다. 지식과 지혜 사이에는 어떤 상관관계가 있을까?

지식이 있으면 지혜가 있을 확률이 높다. 하지만 반드시 그런 건 아니다. 배운 사람들 중에 지혜가 없는 사람들이 제법 있다. 반대로 지식이 없으면 지혜가 없어야 할 것 같지만 늘 그런 건 아니다. 무학의 노인 중 지혜로운 사람들도 가끔 있다. 그렇지만 대개의 경우 지식은 지혜로 연결된다. 그렇게 되는 것이 이상적이다. 내가 생각하는 지혜는 판단 능력이다.

2.

"지식은 기억으로부터 온다. 지혜는 명상으로부터 온다. 지식은 밖에서 오지만 지혜는 안에서 움튼다. 안으로 마음의 흐름을 살피는 일, 이것을 일과 삼아 해야 한다. 모든 것이 최초의 한 생각에서 싹튼다. 이 최초의 한 생각을 지켜보는 것이 바로 명상이다. 명상은 안으로 충만해지는 일이다. 안으로 충만해지려면 맑고 투명한 자신의 내면을 무심히 들여다보는 습관을 들여야 한다. 명상은 본래의 자기로 돌아가는 훈련이다."

법정 스님이 한 말이다. 지식은 정보를 활용해 무언가를 창출해 내는 능력이고 지혜는 지식의 축적을 통해 사물의 이치를 꿰뚫어 볼 수 있는 능력이다. 지혜는 지식에 경험이 축적되어 통찰력을 갖게 된 단계다. 지식이 앞이고 지혜는 뒤다.

3.

유대인은 지식과 선악의 구분(슈르드shrewd)과 지혜의 원천이 하느님이라고 믿는다. 사람은 배움을 통해 앎의 범위를 넓히고 양심의 가르침과 종교를 통해 선악을 구분하며, 이 둘의 축적과 삶의 깊이를 통해 지혜에 접하게 된다는 것이다. 유대인은 이 모든 것이 하느님에게서 온다고 믿고 있다. 그래서 그들의 교육은 기본적으로 종교 교육을 밑바탕에 두고 있다.

관련해 한양대 유명만 교수의 저서 『아이러니스트』에 나오는 '원과 가'의 구분이 도움이 된다. 직업을 원과 가로 구분한 것이다. 원으로 끝나는 직업을 보자. 회사원, 공무원, 종업원, 세관원, 미화원, 경비원, 특파원, 상담원, 판매원, 안내원, 승무원, 은행원 등은 특정 조직에 소속되어 주어진 시간 동안 일을 하는 사람이다. 특정 조직의 일원이다. 가로 끝나는 직원은? 평론가, 소설가, 문학가, 사상가, 연출가, 작곡가, 성악가, 건축가, 탐험가, 만화가 등으로 특정 조직에 소속되어 있지 않다. 한 분야에서 일가를 이룬 사람이라 자기 집이 있다는 뜻이다. 당신은 원으로 살 것인가, 가로 살 것인가?

지식: _____

지혜: _____

지양과 지향

지양止揚은 그칠 지止와 높일 양揚이다. 하지 말아야 할 것이다. 지향志向은 뜻 지志와 향할 향向이다. 뜻이 쏠리는 방향으로 가야 한다는 뜻이다. 비슷해 보이지만 완전 반대의 의미다.

지양: _____

지향: _____

직과 업

직職은 잡job이고 타이틀이다. 업業은 미션이고 존재이유다. 직업에 귀천은 없으나 차별은 있다. 업으로 가면 직을 얻고 직으로 가면 업을 잃는다. 전반전은 직으로 하고 후반전은 업으로 하면 어떨까?

직: _____

업: _____

직선과 곡선

1.

문명은 직선이고 자연은 곡선이다. 인생 역시 직선보다는 사인 곡선에 가깝다. 오르막도 있고 내리막도 있다. 직선은 앞은 보이지만 지루하다. 곡선은 앞으로 어떤 일이 일어날지 몰라 불안하지만 한편으로 스릴과 서스펜스가 있다. 난 직선으로 뻗은 고속도로보다는 구불구불한 국도가 좋다. 주변 경치를 구경하면서 과정을 즐길 수 있기 때문이다. 직선은 너무 빠른 것, 급한 것, 냉정함이 묻어난다. 곡선에서는 느긋함, 여유, 따뜻함이 묻어난다. "직선은 인류를 파멸로 이끈다."

건축치료사로 불리는 프리덴슈라이히 훈데르트바서Friedensreich Hundertwasser의 경고다.

2.

"사람의 손이 빚어낸 문명은 직선이다. 그러나 본래 자연은 곡선이다. 인생의 길도 곡선이다. 끝이 빤히 내다보인다면 무슨 살맛이

나겠는가. 모르기 때문에 살맛이 나는 것이다. 이것이 바로 곡선의 묘미다. 직선은 조급, 냉혹, 비정함이 특징이지만 곡선은 여유, 인정, 운치가 속성이다. 주어진 상황 안에서 포기하지 않고 자신이 할 수 있는 일을 찾는 것, 그것 역시 곡선의 묘미다. 때로는 천천히 돌아가기도 하고 어정거리고 길 잃고 헤매면서. 목적이 아니라 과정을 충실히 깨닫고 사는 삶의 기술이 필요하다."

 법정 스님이 한 말이다.

직선: _____

곡선: _____

직장인과 직업인

　직장인과 직업인은 다르다. 직장인은 직장을 세계의 전부로 생각한다. 직장인은 직장을 자신과 동일시한다. 직장 내에서만 자신의 존재가치를 발견하는 사람이 직장인이다. 반면 직업인은 직장에서 분리해서 독립적인 존재로 자신을 바라본다. 직업인은 직장 밖에서도 자신의 삶을 주도한다. 직장인에서 직업인으로 갈아타는 것은 내 삶의 주인으로서 욕망을 솔직하게 찾는 작업이다.

직장인: _____

직업인: _____

진짜 지식과 가짜 지식

가끔 자기주장이 강하고 확신에 넘치는 택시 기사를 본다. 종일 온갖 뉴스를 들으며 나름 확신하게 된 것이다. 그들이 전문가일까? 그들에게 회사를 맡기거나 장관을 맡기면 어떤 일이 일어날까? 조직을 말아먹을 가능성이 높다. 그들의 지식은 가짜 지식이다. 듣기엔 그럴듯하지만 효용성이 떨어진다. 언론인 중에도 그런 사람들이 제법 많다. 온갖 비판을 쏟아 내지만 내용물이 없다. 개인의 일상과 그들이 운영하는 조직을 보면 말하는 것과 하는 행동이 따로 논다는 것을 알 수 있다.

세상에는 진짜 지식과 가짜 지식이 있다. 진짜 지식은 그 지식이 몸에 배어 있고 그 지식으로 가치를 내는 것을 의미한다. 어떻게 구분할 수 있을까? 진짜 지식을 갖고 있는 사람들은 다음 세 가지를 정확하게 구분하고 있다. 자신이 아는 것, 자신이 모르는 것, 자신이 알아야 할 것이다. 미국의 투자가 워렌 버핏Warren Buffett은 이것을 능력의 범위Circle of Competence라고 설명한다. 자기 능력의 범위를 파악하고 그 안에 머물라는 것이다. 그 범위가 얼마나 큰지는 중요하지 않다. 범위의 경계가 어디까지인지 아는 것이 중요하다. 진짜 전문가는 질문이 많고 가짜 전문가는 주장만 많고 질문이 없다. 당신은 어떤 사람인가?

진짜 지식: _____

가짜 지식: _____

질량과 무게

　질량은 장소나 상태에 따라 달라지지 않는 물질의 고유한 양이다. 무게는 중력이 물체를 끌어당기는 힘의 크기를 뜻한다. 한 물체의 무게는 질량에 중력이 얼마나 가해지느냐에 따라 결정된다. 질량은 변하지 않지만 무게는 중력에 따라 달라진다. 지구에서 60킬로그램의 물체는 달에 가면 10킬로그램으로 변한다. 질량은 변하지 않았지만 달의 중력이 지구의 6분의 1밖에 되지 않기 때문이다.

질량: _____
무게: _____

질문, 암기, 자기주장

1.

"학점이 4.0 이상인 사람은 뽑지 마라. 톰 피터스의 얘기다. 왜 그럴까? 그런 친구들은 교수의 말을 그대로 따르고 암기하는 학생들이다. 암기는 과거 지향적이다. 질문은 미래 지향적이다. 암기는 변화를 거부하고 질문은 변화를 주도한다." 박종하창의력연구소의 박종하 대표가 한 말이다.

2.

대화는 질문하고 거기에 대해 자기 생각을 얘기하는 과정이다. 질문과 자기주장을 축으로 네 방면으로 나눌 수 있다. 먼저 질문은 없고 각자 주장만 있는 대화다. 최악이다. 각자 남의 말은 듣지 않고 하고 싶은 얘기를 떠든다. 질문 따윈 존재하지 않는다. 일명 경로당 대화다. 차선은 한쪽은 질문하고 다른 쪽은 답하는 것이다. 질문하는 쪽과 답하는 쪽이 구분되어 있다. 최악보다는 낫지만 최선은 아니다. 최선은 각자 질문도 하고 답도 하는 것이다. 질문과 답이 섞여 있는 모양새다.

주장만 있는 대화는 사실상 대화가 아니다. 일방적 주장이다. 질문은 공간을 만드는 기술이다. 질문은 공간이 있어야 나올 수 있다. 자기 안에 공간이 없으면 질문은 나올 수 없다. 자기확신이 넘치는 사람이 할 수 있는 일은 자기 얘기를 쏟아 내거나 남에게 자기 생각을 강요하는 것뿐이다. 질문한다는 건 내 생각이 틀릴 수 있다, 상대에게 뭔가 배울 게 있다, 저것이 더 알고 싶다는 공간이 있을 때 가능한 일이다. 공간이 있어야 질문할 수 있다. 공간이 없으면 질문도 나오지 않는다.

질문: _____

암기: _____

질투와 시기

"질투는 막 태어난 둘째를 미워하는 첫째 아이처럼 '관계'에서 비롯된 감정이고 시기는 내게 없는 타인의 무엇을 부러워하는 마음이다."

소설가 백영옥이 한 말이다.

질투: _____

시기: _____

집념과 집착

집념은 끈기와 끈질김이다. 집착은 히스테리다.

집념: _____
집착: _____

집단주의와 관계중심주의

"한국인은 집단주의가 아니다. 관계중심주의다. 집단주의의 원조는 일본이다. 이를 어떻게 알 수 있는가? 목욕탕에 가면 알 수 있다. 일본 남탕에는 여자 청소부가 태연하게 들어온다. 여탕에 수도가 고장 나면 남자 관리인이 그냥 들어온다. 그들은 남자와 여자가 아닌 관리인이다. 이처럼 집단주의는 자신을 개인이 아닌 부품으로 생각한다.

우리는 다르다. 타인과의 관계적 맥락에서 역동적으로 반응한다. 역할에 따른 리더십이 아닌 관계에 따른 리더십이다. 그만큼 일대일 관계가 중요하다. 개인적 관계를 만들어야 그다음 진도가 나간다. 한국이나 일본 모두 주말에 출근한다. 그런데 이유가 다르다. 한국은 누가 불러서 간다고 생각하고 일본은 회사가 불러서 간다고 생각한다. 당연히 한국인이 주체성이 강하다. 존재가 중요하다. 존재감이 없는 걸 견디지 못한다. 부품 취급받는 걸 병적으로 싫어한다."

고려대학교 심리학과 허태균 교수가 한 말이다.

집단주의: _____

관계중심주의: _____

짜깁기와 편집

관련 정보를 모았다는 공통점이 있다. 차이는 나만의 생각과 의견이 있느냐의 여부다. 그게 있으면 편집이고 없으면 짜깁기다. 사실 지식이란 정보와 정보 사이의 상관관계를 발견하는 일이다. 빈 곳을 그냥 놔두면 짜깁기고 빈 곳을 자기만의 생각으로 해석할 수 있으면 편집이다.

짜깁기: _____
편집: _____

차별할 것과 차별하지 말아야 할 것

차별하는 건 당연하다. 차별해야 발전이 있다. 공부 잘하는 사람이 좋은 학교에 가고 일 잘하는 사람이 돈을 더 많이 받는 것 모두 차별이다. 그런 차별은 필요하다. 그래야 공부도 열심히 하고 일도 열심히 한다. 그러나 절대 차별해서는 안 되는 것이 있다. 본인이 아무리 노력해도 바꿀 수 없는 것이 그것이다. 흑인이 노력해도 백인이 될 수 없고 여자가 노력해도 남자가 될 수 없고 노인이 노력해도 젊은이가 될 수 없다. 아무리 노력해도 바꿀 수 없는 걸 차별하는 것이 불공평한 Fundamentally Unfair 것이다. 미 대법원의 판결문에 나와 있듯, 이런 차별은 헌법이 용납하지 않는 차별이다.

차별할 것과 차별하지 말아야 할 것을 잘 구분해야 한다. 정말 차별해야 할 것은 차별하지 않으면 조직은 활력을 잃는다. 차별하지 않아야 할 것을 차별할 때 사람들은 분노한다.

차별할 것: _____
차별하지 말아야 할 것: _____

차이와 차별

차이差異는 어긋날 차에 다를 이다. 어긋나고 다르다는 뜻이다. 신장의 차이, 수입의 차이, 생각의 차이 같은 것이다. 글자 그대로 다른 것, 그 이상도 그 이하도 아니다. 차별差別은 다르다. 차이가 나기 때문에 구분한다, 다르게 대한다는 의미다. 차이의 결과 차별한다는 뜻이다. 성차별, 인종차별, 종교차별 같은 것이다. 차별에는 판단judge의 의미가 숨어 있다. 선입견이나 고정관념 같은 것이 내포되어 있다. 차이를 차이 그대로 인정하는 것과 차이를 차별로 발전시키는 건 아주 다른 얘기다.

둘 사이의 뜻이 애매할 때는 이를 영어로 바꿔보면 의미가 명확하다. 차이의 영어는 디퍼런스difference이고 차별은 디스크리미네이션discrimination이다. discrimination의 크림crim은 걸러낸다는 의미가 있다. 걸러내 버린다는 뜻이다. 그렇다면 차별은 늘 나쁜 것일까? 가장 나쁜 차별은 무엇일까? 본인 힘으로 어떻게 할 수 없는 걸 차별하는 것이다. 인종차별과 성차별 같은 것이 그렇다. 그건 인간이 할 수 있는 영역이 아니다. 그렇다면 가장 큰 차별은 무엇일까? 차별을 차별하지 않는 것이다. 열심히 산 사람이나 그렇지 않은 사람이나 동등하게 대하는 것, 역량이 뛰어난 사람과 역량이 떨어진 사람을 똑같이 대접하는 것, 세금 많이 낸 사람과 세금 안 낸 사람을 같이 취급하는 것. 난 이게 가장 큰 차별이라고 생각한다.

차이: _____

차별: _____

책임과 리스판서빌러티

책임責任의 책責은 꾸짖을 책이다. 가시로 찔러 빚을 받아낸다는 의미다. 잘못을 떠안다는 의미가 강하다. 영어는 조금 다르다. 영어의 리스판서빌러티Responsibility는 반응하는Response 능력Ability이다. 어떤 일이 벌어졌을 때 그 일에 대해 반응하는 것이 책임이다. 미세먼지 문제가 심각할 때 별다른 반응이 없는 정치인은 책임감이 부족한 것이다.

책임: _____
리스판서빌러티: _____

체념과 감수

자연은 모든 것을 잘 받아들인다. 체념이 아닌 감수感受다. 쓴 것을 달게 받아들이는 태도가 필요하다. 추위가 그렇고 불황이 그렇다. 파충류들은 추위에 저항하지 않고 순순히 추위를 받아들인다. 동면이 그것이다. 동물의 동면은 단순한 피한이나 방한이 아니다. 가혹한 경쟁과 노동에서 풀려나는 따뜻한 시간이다. 자연이 가져다준 사랑이요 축복인 셈이다. 동면은 작은 죽음이다. 모든 것을 수용하고 복종하는 것이다.

불황이란 무얼까? 사업하는 사람은 누구나 불황을 두려워한다. 불황을 뜻하는 영어의 리세션Recession은 라틴어 레세스Recess에서 나왔다. 멈춤과 쉼이란 의미다. 잠시 성장과 전진을 멈추고 휴식한다는 의미다. 경제 활동이 과열되고 더 이상 시장이 지탱할 수 없는 번영의 극에 이르면 여름과 가을이 지나 겨울이 오는 것처럼 경제에도 동면의 철이 찾아오는 것이다. 긴 안목으로 보면 생물의 동면처럼 불황의 엄동설한은 지극히 자연스러운 자연현상이다. 불황은 인간에게 동면 같은 구제 역할을 한다. 경제도 동면하는 것이다.

이어령의 저서 『생명이 자본이다』에 나오는 내용이다.

체념: _____
감수: _____

체지방과 근육

체지방은 외투고 근육은 방탄복이다. 뚱뚱한 사람은 더위를 견디지 못한다. 땀을 비 오듯 흘린다. 여름에 두꺼운 외투를 입은 것과 같기 때문이다. 반대로 체지방이 없으면 추위를 잘 타고 감기에 잘 걸린다. 무리해서 체지방을 줄이면 여름에도 내복을 입는 일이 벌어진다. 근육이 많으면 부상을 당하지 않는다. 잘 넘어지지도 않고 넘어져도 크게 다치지 않는다. 근육이 우리 몸을 보호하기 때문이다.

체지방: _____
근육: _____

최선과 최대

90이 넘은 노모가 암 진단을 받았다. 수술해도 회복 가능성은 없다. 수술하면 환자만 고통스러울 뿐이다. 의사는 함부로 얘기하지 못한다. 자식들 의견도 엇갈린다. 그때 자식 하나가 최선을 다해야 한다면서 수술하고 항암 치료를 할 것을 고집한다. 결국 노모는 항암 치료 중 돌아가신다. 자식들은 할 만큼 했다고 스스로 자위한다.

그때의 최선이 과연 최선일까? 누구를 위한 최선일까? 최대와 최선을 구분해야 한다. 연명 치료는 최선이 아닌 최대다. 소용없다는 건 알지만 할 수 있는 것 모두 해보자는 것이다. 대부분 환자를 위한 것이 아닌 환자 가족을 위한 것이다. 그들로선 최선을 다했다는 명분을 쌓기 위한 것이다.

최선: _____

최대: _____

추상적 지식과 실천적 지식

　도끼, 나무, 망치, 톱 네 가지 물건 중 하나를 없애라면 무엇을 없앨 것인가? 나무를 고르는 사람들이 있다. 도끼, 망치, 톱은 도구지만 나무는 도구가 아니기 때문이다. 이는 추상적 지식이다. 가방 끈 긴 사람들이 가진 지식이다. 그런데 벌목하는 사람들에게 물어보면 망치를 선택한다. 망치란 물건은 벌목에 별 도움이 되지 않기 때문이다. 이런 지식을 실천적 지식이라 한다. 풀어서 설명하면 학교에서 책으로 배운 지식은 추상적 지식이다. 학교 졸업 후 일하면서 배운 지식은 실천적 지식이고 길에서 배웠다는 의미로 스트리트 날리지street knowledge란 말도 쓴다. 둘 다 필요하다. 최선의 공부는 한 손에 망치를 들고 다른 손에는 책을 들고 하는 공부 아닐까?

추상적 지식: _____
실천적 지식: _____

추월과 초월

추월追越의 한자는 따를 추에 넘을 월이다. 뒤를 쫓다가 마침내 앞의 사람이나 기업을 이기는 것이 추월이다. 자동차 추월이 대표적이다. 경쟁자가 필수적으로 필요하다. 혼자 추월할 수는 없다. 초월超越의 한자는 둘 다 뛰어넘는다는 뜻이다. 경쟁자가 없다. 본인이 경쟁자다. 스스로 한계를 돌파하는 것, 낮은 단계를 뛰어넘는 것이 초월이다. 하수는 추월에 목숨을 걸지만 어느 정도 고수가 되면 스스로를 초월하는 것이 아닐까?

추월: _____
초월: _____

축적, 누적, 퇴적

1.

축적은 능동적이고 주도적이다. 키워드가 있다. 무엇을 축적할지가 명확하다. 누적은 수동적인 느낌이다. 그냥 쌓는 것이다. 콘셉트가 없다.

2.

개념이 있으면 축적이고 개념이 없으면 퇴적이다. 개념이란 전체를 아우르는 그림이다. 개념이 있어야 창조할 수 있다. 그냥 아무 생각 없이 쌓인 걸로 무언가를 할 수는 없다.

축적: _____
누적: _____
퇴적: _____

출세와 성공

출세는 세상적인 관점이고 성공은 자기 내면의 관점이다. 사회적인 신분이나 지위의 상승은 출세고 자신이 정한 기준에 도달해서 만족하는 인생은 성공이다. 출세한다고 행복한 것은 아니고 성공했다고 출세한 것은 아니다.

출세: _____

성공: _____

충만과 행복

충만fulfillment은 뭔가 보람 있는 일을 했을 때 느끼는 감정이다. 생산적인 일을 하는 데서 오는 감정이다. 힘이 들어도 일이 끝나 느끼는 뿌듯함이다. 행복happiness은 그저 만족한 상태다. 비슷하지만 뉘앙스가 다르다.

충만: _____
행복: _____

친절과 겸손

둘은 쌍둥이다. 겸손하지 않으면 친절할 수 없고 친절하지 않으면 겸손할 수 없다.

친절: _____
겸손: _____

칭찬과 아첨

칭찬과 아첨의 차이는 무엇일까? 답은 간단하다.

"칭찬은 진지하고 아첨은 무성의한 것이다. 한쪽은 마음속으로부터 나오는 것이고 다른 한쪽은 이빨 사이에서 새어 나오는 것이다."

미국 자기계발 강사이자 작가인 데일 카네기Dale Carnegie가 한 말이다.

칭찬: _____
아첨: _____

ㅋ, ㅌ, ㅍ

커피와 차

커피는 각성을 위한 음료다. 머리를 맑게 하고 싶을 때나 일의 피치를 올리고 싶을 때 마신다. 차는 쉬고 싶을 때 마신다. 한숨 돌리고 싶을 때 마신다. 미국도 처음에는 차 문화권이었다. 그런데 보스턴 차 사건 이후 달라진다. 1773년 프랑스와의 전쟁으로 막대한 부채를 떠안은 영국 정부는 동인도회사에 홍차 판매 독점권을 주고 높은 세금을 부과해 부채를 갚으려 했다. 당연히 미국인들이 높은 관세에 저항해 보스턴에 정박한 동인도회사의 배를 습격해 배 안에 있던 342개의 차 상자를 바다에 버린다.

이후 미국인은 커피를 마신다. 지금도 미국 커피는 묽은데 차를 마시던 습관 때문이란 설이 있다. 차에서 커피로 전환한 이후 미국이 강해지지 않았을까? 코카콜라도 그렇다. 1920년대 금주법으로 마실 게 없었다. 그런데 특유의 약 냄새 때문에 거의 팔리지 않았다. 그러다 1939년 제2차 세계대전 때 병사들의 사기 진작에 도움이 되는 군수품으로 허가를 받는다. 폭발적인 인기를 누린다.

일본 메이지대학교 사이토 다카시齊藤孝 교수의 저서『세계사를 움직인 다섯 가지 힘』에 나오는 말이다.

커피: _____

차: _____

케이스 스터디와 시체부검

MBA를 할 때 가장 많이 한 게 케이스 스터디다. 잘된 회사와 망한 회사의 경영학 사례를 놓고 그 이유가 뭔지, 어떻게 했으면 좋을지에 대해 논의를 하는 것이다. 나름의 의미는 있다. 하지만 난 늘 이 과정에 의문을 품었다. 경영학의 본질이 남이 한 경영에 대해 훈수를 두고 분석하는 것일까? 분석을 많이 하면 자기 사업을 잘할 수 있을까? 안 하는 것보다는 낫겠지만 그렇게 가치를 만들어내는 일은 아닌 것 같다. 죽은 자식 나이 따지는 것과 비슷하단 생각이다.

경영학의 사례 분석은 시체 부검과 비슷하다. 분석하고 시체를 부검하면 원인은 찾을 수 있다. 하지만 거기까지다. 원인을 잘 찾는다고 경영을 더 잘하는 건 아니다. 사례 분석을 많이 한다고 경영을 잘할 것 같지는 않다. 경영학이 경영자를 위한 학문이 아니고 경영학 교수를 하기 위한 학문이란 비판을 받는 이유다.

케이스 스터디: _____
시체부검: _____

코미디언과 유머리스트

우리를 웃게 해주는 사람은 코미디언이고 우리를 생각하게 한 다음 웃게 해주는 사람은 유머리스트다.

코미디언: _____

유머리스트: _____

콘텐츠와 컨테이너

콘텐츠contents는 내용물이고 컨테이너container는 내용물을 담는 그릇이다. 둘 다 중요하지만 난 콘텐츠에 더 큰 비중을 둔다. 겹겹이 싼 포장지 안의 부실한 내용물보다는 비닐봉지일망정 충실한 내용물이 더 좋다. 사람도 그렇다.

콘텐츠: _____

컨테이너: _____

키우는 것과 자라는 것

"너희들 까부는 거 보니까 많이 컸구나. 쟤들 다 내가 키웠어." 이런 말을 들으면 본능적으로 거부감이 든다. 키우다니? 누가 누구를 키우는데? 당신이 키운 게 아니라 그들이 성장한 것이다. 부하 직원 육성은 키우는 게 아니다. 그들이 성장한 것이다. 리더가 할 일은 그들이 성장하도록 기회를 제공하는 것이다.

애를 키우는 것도 그렇다. "내가 너를 어떻게 키웠는데 그럴 수 있느냐?" 하고 억울해하는 부모를 본다. 부모가 애를 키운 게 아니라 애가 알아서 저절로 자란 것이다. 부모가 한 일은 그들이 잘 성장하게끔 도와준 것뿐이다. 내 역할이 뭔가에 대해 정확하게 생각해보아야 한다. 그들이 잘 자란 것에 대해 내가 생색을 내서는 안 된다.

키우는 것: _____
자라는 것: _____

타인의 생각과 내 생각

"참, 내 마음 같지 않네."

사람들은 타인이 자기 기대에 못 미치는 행동을 할 때 그렇게 말하면서 섭섭한 심정을 드러낸다. 당연한 일을 새롭게 받아들이는 모습이 더 놀랍다. 타인이 내 마음처럼 움직이면 그게 이상한 일 아닌가? 주식투자를 할 때도 비슷한 일이 일어난다. 딴에는 오를 걸로 생각해 산 주식은 오르지 않고 오르지 않을 걸로 생각한 주식은 오르기 때문이다. 그래서 경제학자 존 메이너드 케인스John Maynard Keynes는 "주식투자란 미인선발대회와 같다"고 주장했다. 내가 미인이라고 생각하는 사람이 미인으로 선출되는 게 아니라 많은 사람이 미인이라고 생각하는 사람이 미인으로 선출된다는 것이다.

세상만사가 다 그렇다. 내 생각을 너무 믿으면 안 된다. 내 확신이란 건 그렇게 확신할 만한 것이 아니다. 착각일 가능성이 크다. 내가 쓴 책, 내가 하는 강의도 그렇다. 난 베스트셀러에 들어간 책을 보면서 자주 "내 책이 더 나은데 왜 내 책은 안 팔리고 이런 책이 많이 팔릴까?" 하고 늘 의아해한다. 하지만 이것은 착각 중 착각이다. 내 생각은 별로 중요하지 않다. 정말 중요한 건 다른 사람의 생각이다. 난 이런 생각을 하면서 자주 스스로를 위로한다.

타인의 생각: _____
내 생각: _____

태만, 아둔, 무능, 속임수

서둘러야 할 일을 게을리해 재난을 키우는 것이 태만이다. 해서는 안 될 일이나 불가능한 일에 팔을 걷어붙이는 건 아둔이다. 할 수 있는 일인데 방법을 그르쳐 사태를 악화시키는 건 무능이다. 포장지에 내용물과 다른 상표를 붙여 판매하는 건 속임수다. 모두 해고의 사유다. 그러나 정권은 다른 것 같다. 이 모든 걸 완벽하게 하고 있지만 아직 해고를 당하지 않고 있다.

조선일보 논설위원 강석천의 칼럼에 나오는 내용이다.

태만: _____
아둔: _____
무능: _____
속임수: _____

텍스트와 콘텍스트

　글자 그대로 읽는 것이 텍스트, 글자와 글자 사이를 읽는 것이 콘텍스트다. 충청도 말에 그런 말이 많다. "됐시유."란 말은 억양에 따라 안 됐다는 뜻인 경우가 많다. 글자의 뜻은 됐다는 것이지만 실은 그게 아니라는 것이다. 커뮤니케이션을 잘하기 위해서는 텍스트와 콘텍스트를 동시에 읽을 수 있어야 한다.

텍스트:

콘텍스트:

토론과 토의

　토론은 특정 어젠다에 대해 반대인지 아닌지 얘기를 나누고 결론을 내는 것이다. 토의는 거기에 대한 자기 의견을 얘기하는 것이다. 토론의 영어 디베이트debate는 나누어 겨루다는 뜻이다. 전쟁의 배틀battle과 같은 어원이다. 디스커션discuss는 떨어져서 흔들리게 하다는 뜻이다. 또 다른 말 아규argue는 그리스 신화에 나오는 아르고스Argos에서 유래됐다. 눈이 100개나 되는 감시의 신이다.

토론: _____
토의: _____

통합, 융합, 통섭

통합은 이질적인 것을 합하는 과정이다. 물리적 느낌이 강하다. 융합은 둘 이상의 것을 녹여 하나로 만드는 것이다. 화학적 과정이다. 통섭은 둘을 섞어 새로운 뭔가를 만드는 것이다. 생물학적 느낌이 강하다.

통합: _____
융합: _____
통섭: _____

투기와 투자

가상화폐가 뜨기 전에 가상화폐에 투자하라는 얘기를 많이 들었다. 투자하면 잘될 거란 생각이 들었지만 난 투자하지 않았다. 잘 모르는 곳에 투자하는 것도 땀 흘리지 않고 돈을 번다는 것도 나와는 맞지 않았기 때문이다. 투자와 투기는 어떻게 다를까? 내가 아는 곳에 돈을 넣으면 투자고 내가 알지 못하는 곳에 배팅하면 투기고 도박이다. 쉽게 땀 흘리지 않고 돈을 벌면 투기다. 공부하고 노력하고 땀을 흘린 대가로 돈을 벌면 투자다. 난 투기 따윈 하고 싶지 않다.

투기: _____
투자: _____

투표로 할 것과 하지 말아야 할 것

    요즘 선거에 대해 회의적인 생각이 많이 든다. 잘 모르는 상태에서 투표하고 당선된 사람들은 말도 안 되게 많은 권한을 갖고 무소불위로 휘두른다. 단순히 많은 사람이 자신을 지지했다는 한 가지 이유 때문이다. 도대체 선거란 무엇인가? 그딴 말도 안 되는 선거를 언제까지 해야 하는가? 투표는 본질적으로 옳고 그름보다 그게 사람들에게 어떤 유익을 주느냐에 좌우된다. 당연히 정말 해야 할 것보다는 하면 좋은 것, 단기적으로 이익처럼 보이는 것을 주장하는 사람에게 끌린다.

    그런 면에서 투표로 할 것과 투표로 하면 안 되는 걸 구분할 필요가 있다. 브렉시트Brexit가 대표적이다. 영국의 일반인 중 브렉시트의 정확한 의미와 결과를 이해할 수 있는 사람이 몇이나 되었을까? 하지만 이로 인해 영국은 엄청난 손실을 보았다. 원자력 발전 문제도 그렇다. 이거야말로 전문가들이 치열한 논쟁을 통해 정해야 한다. 나중에 이게 잘못된 결정이란 걸 알면 이를 어떻게 책임질 것인가? 브렉시트로 인해 1,500조 원의 부가 영국을 빠져나갔다고 한다. 탈원전도 이에 못지않을 것이다.

투표로 할 것: _____
투표로 하지 말아야 할 것: _____

트래블, 트립, 보이지, 저니

트래블travel은 힘들고 고달프다. 멀리 가는 종교 순례를 생각하면 된다. 행동이고 경험이다. 트립trip은 장소 이동이다. 힘들지 않고 짧다. 가장 흔하게 하는 인사말 중 하나는 "트립(여행) 잘 다녀와Have a nice trip!"이다. "트래블 잘 다녀와Have a nice travel!"는 들어본 적이 없다. 보이지voyage는 보이지 않는 항해를 뜻한다. 스피노자가 얘기한 "인생은 여행이다Life is a voyage"를 생각해보라. 저니journey는 추상적 개념이다. 물리적인 여행이 아니라 개념으로서의 여행이다.

비슷한 것 같지만 조금씩 다르다.

트래블: _____

트립: _____

보이지: _____

저니: _____

파는 일과 사게 하는 일

파는 일과 사게 하는 일은 같을까, 다를까? 파는 일이라 생각하면 내 상품에 집중하게 된다. 사게 하는 일이라 생각하면 고객에게 집중하게 된다. 파는 사람은 팔고 싶은 마음에서 출발한다. 사람들이 사지 않으면 이 좋은 걸 왜 안 사는지 이해가 안 된다. 사게 하는 사람은 사는 사람의 마음에서 출발한다. 왜 사고 왜 사지 않는지 상상하게 한다. 어떻게 만족시켜 행복하게 만들지 생각한다.

누가 더 잘 팔까? 당연히 사게 하는 사람이 더 잘 팔 수 있다. 사게 하려면 어떤 질문을 던져야 할까? 이걸 누가 사지? 그 사람들은 지금 어디 있지? 왜 사지? 더 사게 하려면 어떻게 하면 될까? 안 사는 사람은 왜 안 사지? 어떤 문제를 해결해주면 살까?

파는 일: _____
사게 하는 일: _____

팩트와 맥락

팩트fact는 글자 그대로 있는 그대로의 사실이다. 맥락context은 팩트의 전후 사정이다. 앞에는 어떤 원인이 있었고 뒤에는 어떤 처지에 놓이게 되었는지를 살펴보자는 것이다. 팩트만으론 충분치 않다. 팩트와 함께 전후 사정을 확인해야 제대로 된 판단을 할 수 있다. 대부분은 맥락은 말할 것도 없고 팩트조차 잘 모른다. 맥락을 제대로 확인하지 못했다면 아예 판단하지 말자는 것이다.

팩트: _____

맥락: _____

편안과 평안

할 일이 산더미 같은데 할 일을 하는 대신 종일 소파에 누워 텔레비전을 본다. 몸은 편하지만 마음은 불편하다. 귀찮기는 하지만 소파에서 일어나 할 일을 시작한다. 몇 시간 일을 했더니 몸이 엄청나게 피곤하다. 하지만 마음은 평화롭다. 혼자 사는 어머님 집에 가야겠다는 생각만 하고 집에서 쉬면 몸은 편안하다. 귀찮음을 떨치고 어머님을 찾아뵙고 식사를 같이 하고 집에 온다. 몸은 힘든데 마음은 평화롭다. 편안은 육체에 관한 것이고 평안은 마음에 관한 것이다. 불편한 일을 해야 평안함을 얻을 수 있다. 몸을 불편하게 해야 마음이 편하다. 몸이 편하면 마음은 불편하다. 둘은 공존할 수 없는 것일까?

"평안과 편안은 비슷해 보이지만 그렇지 않다. 평안은 진짜 복이고 편안은 가짜 복이다. 재미와 기쁨도 마찬가지다. 재미는 가짜 복이고 기쁨은 진짜 복이다. 중국인들이 돈을 벌면 가장 먼저 하는 것이 '담 쌓고 철망 치는 것'이다. 돈이 많아짐으로써 조금 편안하게 살 수는 있게 되었지만 오히려 불안해졌다는 뜻이다. 이처럼 돈으로 편안을 살 수는 있지만 참 행복을 가져다줄 평안은 살 수 없다."
김동호 목사의 말이다.

편안: _____

평안: _____

편집증과 분열증

　집착하는 건 편집증이고 흩어지는 건 분열증이다. 인간은 누구나 두 가지 증세를 갖고 있다. 편집증적인 사람은 시야가 좁다. 늑대과다. 목표를 향해 진격한다. 주변을 돌아보지 않는다. 쫓기는 자는 분열증이다. 주변을 살펴야 한다. 독재자는 대부분 편집증이다.

편집증: _____

분열증: _____

평균과 보통

　어린아이 열 명과 노인 열 명을 평균 내면 어떻게 될까? 청년이 되지 않을까? 그렇다면 평균을 타깃으로 무언가를 기획해 물건을 판다면 어떤 일이 일어날까? 평균은 그럴 듯하지만 에러가 큰 말이다. 평균은 때로 아무것도 대신 하지 않는다. 평균은 생산자 위주의 단어다. 존재하지 않는 걸 억지로 만드는 단어일 수 있다. 마케팅은 고객을 세분화하는 일이다. 평균은 없는 고객을 만들 수도 있다.

평균: _____

보통: _____

평등과 공평

평등Equality과 공평Fairness은 다르다. 평등은 모두 사람을 똑같이 대하는 것이고 공평은 사람에 따라 다르게 대우하는 것을 말한다. 일 잘하는 사람이나 일 못하는 사람이나 똑같이 대우하는 것은 평등한 것이다. 일을 잘하면 더 주고 일을 못하면 덜 주는 건 공평한 것이다. 당신이 원하는 건 어떤 사회인가?

가장 중요한 역사의 교훈은 자유와 평등의 상호작용이다. 자유가 커지면 평등이 감소하고 평등이 커지면 자유가 감소하는 것이다.

미국 문명사학자 윌 듀란트Will Durant의 저서 『역사의 교훈』에 나오는 말이다.

평등: _____
공평: _____

평범한 사람과 비범한 사람

　평범한 일을 비범하게 처리하는 사람과 비범한 일을 평범하게 처리하는 사람이 있다. 재미난 일을 아주 재미없게 얘기하는 사람이 있고 별거 아닌 일을 흥미롭게 풀어내는 사람이 있다. 별것 아닌 삶에서 큰 기쁨을 느낄 수 있는 사람이 있고, 멋진 삶을 고통스럽게 영위하는 사람이 있다. 인생도 그런 거 아닐까? 진정한 고수는 평범한 삶을 황홀하게 보낼 줄 아는 사람이 아닐까? 당신은 어디에 속하는가?

평범한 사람: _____
비범한 사람: _____

포모와 조모

둘 다 무언가를 놓치는 걸 뜻하지만 완전히 반대의 의미다. 포모FOMO, fear of missing out는 놓칠까 전전긍긍하는 것이고 조모JOMO, Joy of missing out는 놓치는 즐거움이다. 기꺼이 기쁜 마음으로 놓치겠다는 것이다. 현대인은 대부분 포모 증세가 있다. 남들이 하는 건 다 따라서 하고 싶어 한다. 만약 놓치면 애를 태운다.

조모는 완전히 반대다. 남들이야 하건 말건 난 하지 않겠다, 기쁜 마음으로 빠지겠다는 것이다. 사실 이런 놓침이 삶의 질을 올린다. 신문기사를 빠짐없이 봐야 할 이유가 있는가? 남들이 보는 드라마를 나까지 봐야 하는가? 손흥민이 나오는 축구 경기를 안 본다고 세상이 무너지는가? 뭔가를 놓치는 거 같지만 아니다. 절제의 습관은 작은 기쁨을 즐길 수 있는 능력과 연관 있다.

포모: _____

조모: _____

포텐셜과 프로스펙티브

포텐셜potential은 잠재력이 있다, 가능성이 있다는 뜻이지만 시간이 오래 걸리고 안 될 가능성이 크다. 프로스펙티브prospective는 앞이란 의미의 프로pro와 본다는 뜻의 스펙트spect의 결합어다. 장기간이 아니라 단기 전망이다. 여기에 고객을 더해보면 뜻이 좀 더 분명해진다. 하나는 잠재고객이고 다른 하나는 유망고객이다. 사실 단기적으로는 유망고객이 중요하다. 고객이 될 가능성이 훨씬 크다. 현재 당신이 얘기하는 고객은 유망고객인가, 아니면 잠재고객인가? 혹시 잠재고객을 유망고객으로 착각하는 건 아닌가?

포텐셜: _____

프로스펙티브: _____

프리덤과 리버티

"프리덤Freedom은 외부 통제나 구속 없이 자신이 마음대로 결정을 내릴 수 있는 상태를 말한다. 자신이 어떤 조직에 속해있으면 행동에 제약을 받게 마련이다. 조직에서 나오면 훨씬 자유롭게 행동할 수 있다. 주체성과 자발성은 있지만 책임을 져야 하는 부담이 있다. 리버티Liberty는 어떤 외부 통제에 의해 어떤 사람에게 부여된 정치적, 사회적 자유를 말한다. 인종이나 성별이나 나이에 따라 선거권이 없었는데 치열한 시민운동 결과 자유롭게 선거를 할 수 있다. 이것은 리버티다."

경영컨설팅 업체 리드앤리더의 김민주 대표의 설명이다.

프리덤: _____

리버티: _____

플로우와 스톡

유동 인구가 많은 것과 장사가 잘되는 것 사이에는 어떤 상관관계가 있을까? 유동 인구가 많으면 장사가 잘될까? 그렇다면 신도림역이 가장 좋은 상권일까? 업종에 따라 다르지만 대체로 별 상관이 없다고 한다. 플로우Flow가 아니라 스톡Stock을 봐야 한다. 유동 인구보다는 그 동네에 머무는 사람의 숫자가 중요하다. 상권 분석 전문가에게 들은 얘기다.

강의에도 플로우와 스톡이 필요하다고 생각한다. 남에게 뭔가를 가르치기 위해서는 일정 수준의 지식 재고가 있고 그걸 주기적으로 글이나 말을 통해 흘려야 한다. 재고가 없는데 떠드는 건 방전된 배터리로 시동을 거는 것과 같다. 재고가 넘치지만 가만 놔두는 건 지식을 정체하게 만든다. 플로우와 스톡은 그럴듯한 화두다.

플로우:

스톡:

피로와 피곤

피로疲勞는 육체적으로 힘든 것이고 피곤疲困은 정신적으로 힘든 것이다. 피로의 로는 일할 로다. 일을 해서 몸이 힘든 것이 피로다. 몸이 말을 듣지 않는 것이다. 피곤의 곤은 상자 안에 갇혀 있는 나무의 형상이다. 갇혀 있으면 피곤하다는 뜻이 아닐까? 내가 생각하는 피곤은 일해서 오는 게 아니라 일을 안 해서 오는 것이다.

내 경우는 아무것도 하지 않지만 피곤한 날이 있다. 차를 오래 타거나 KTX를 타고 지방을 다녀올 때 아주 피곤하다. 해소법도 다르다. 피로할 때는 쉬는 것이 최선이고 피곤할 때는 운동이 좋다. 누워 있는 대신 걷거나 움직이는 게 좋다. 영어로 피로는 퍼티그fatigue이고 피곤은 식 앤드 타이어드sick and tired다. 샘플의 내구성 테스트를 우리말로 피로 테스트라고 한다. 피로도가 쌓여 끊어졌다고 하는데 이쯤 되면 둘의 차이를 느낄 수 있을 것이다.

피로: _____

피곤: _____

피와 혁

가죽을 의미하는 단어에는 피皮와 혁革이 있다. 합쳐 피혁皮革으로 부르기도 한다. 그런데 둘은 다르다. 피는 원래 그대로의 동물 가죽이다. 다듬어지지 않은 가죽이다. 혁은 사람이 쓸 수 있도록 가죽의 독을 없애고 가죽을 부드럽게 무두질한 것이다. 혁 관련 한자 중 가장 흔하게 쓰이는 건 혁신革新이다.

혁신이란 무엇일까? 왜 혁신이란 말을 만들었을까? 가죽 그 자체로는 가치가 없고 가죽을 혁으로 만들어야 상품성이 있는데 그 과정이 쉽지 않은 것이다. 혁신하려면 무두질을 하듯 독을 빼는 작업을 해야 한다. 가죽을 벗기고 가죽 안의 독성을 빼야 변화에 성공할 수 있다. 혁신은 참으로 어려운 과정이다.

피: _____
혁: _____

필요와 욕망

필요와 욕망은 비슷한 것 같지만 다르다. 둘 다 필요하고 사람을 움직이는 동력이지만 강도가 다르다. 사람을 필요한 것만으로는 움직이기는 어렵다. 사람을 움직이는 것은 강력한 욕망이다. 무언가 성취하고 싶으면 가장 먼저 큰 욕망을 품어야 한다. 단순히 열심히 일하는 것만으로는 성공할 수 없다. 성공하기 위해서는 자신이 무엇을 원하는지 명확히 해야 한다. 그래야 힘을 집중할 수 있다.

클라우드 M. 브리스톨Claude M Bristol의 저서 『신념의 마력: 인간을 지배하는 위대한 힘』에 나오는 내용이다.

필요: _____

욕망: _____

필요조건과 충분조건

필요조건은 글자 그대로 어떤 일을 하는 데 필요한 조건이다. 하지만 그게 있다고 모든 게 되는 건 아니다. 충분조건 역시 글자처럼 어떤 일을 하는 데 충분한 조건이다. 그런데 이렇게 말하면 이해하는 데 한계가 있다. 사례가 필요하다. 다음이 그런 사례다.

경청한다고 좋은 리더가 되는 건 아니지만 경청하지 않고 좋은 리더가 될 수는 없다. 돈이 있다고 행복해지는 건 아니지만 돈 없이 행복하기는 쉽지 않다. 지식이 있다고 좋은 리더가 되는 건 아니지만 지식이 없으면 좋은 리더가 될 수 없다. 트렌드도 그렇다. 트렌드를 읽는다고 100퍼센트 성공하진 못한다. 하지만 트렌드를 읽지 못하면 100퍼센트 실패한다. 고객의 니즈를 안다고 100퍼센트 성공하진 못한다. 하지만 고객의 니즈를 읽지 못하면 100퍼센트 실패한다. 이제 좀 더 머리가 맑아졌는가?

필요조건: _____

충분조건: _____

ㅎ

한가함과 무료함

한가閑暇함은 의도적으로 시간을 내는 것이다. 주도적이다. 훔치는 것이다. 바쁜 사이에 틈틈이 시간을 내는 것이다. 유능함과 할 일 있는 사람의 행동이다. 무료無聊함은 다르다. 일하고 싶지만 할 일이 없는 것의 결과다. 능동적이 아니라 수동적인 단어다.

한가함: _____
무료함: _____

한창과 한참

한창은 어떤 일이 가장 활기 있고 왕성하게 일어난다는 뜻이다. 한참은 시간이 상당히 지나는 동안, 오랫동안이란 뜻이다. 한참 나이가 아니다. 한창나이다. 제설 작업이 한창이다 등에 쓰인다.

한창:
한참:

합리적과 합리화

　인간은 생각하는 동물이다. 인간은 합리적으로 생각하고 판단하는 동물이다. 다들 그렇게 얘기한다. 과연 그럴까? 그렇지 않다. 인간은 이성보다는 감정에 의해 움직인다. 다만 합리화를 잘할 뿐이다. 인간은 합리적인 동물이 아니라 합리화를 잘하는 동물이다.

합리적: _____

합리화: _____

합창과 제창

함께 똑같은 노래를 부르지만 완전히 다르다. 합창은 소프라노, 알토, 테너, 베이스 등으로 나누어져 있다. 다른 음을 조화롭게 하는 게 핵심이다. 제창은 모두 같은 음으로 노래를 부른다. 깊은 맛이 떨어진다. 그렇다면 회사에서의 일은 합창일까, 제창일까? 같은 목적으로 하지만 각자 하는 일이 다르고 그러면서도 그 일이 서로 조화를 이루는 것. 합창단처럼 일하는 것이 아닐까?

합창: _____
제창: _____

해결과 해소

　해결은 문제의 근본 원인을 없애서 재발 우려를 낮추는 것이다. 해소는 원인은 내버려두고 현상만 조치한 것이다. 얼마든지 재발 우려가 있다.

해결: _____
해소: _____

해야 한다와 하고 싶다

　9세에 뉴욕에서 첫 독주회를 했다. 완벽하게 연주하기 위해 1년을 준비한 무대였다. 아주 공들여 준비한 무대였다. 연주가 시작됐고 모든 것이 잘 흘러가고 있었다. 그런데 불현듯 '이건 아주 지루하다.'란 생각이 들었다. 살아 있지 않은 듯한 기분이었다. 이때가 전환점이다. 완벽해야 한다는 마음이 문제였다. 나 자신이 아니라 다른 사람에게 어떻게 들릴까만을 생각했던 것이다. 나는 이때 '해야 한다'를 '하고 싶다'로 바꾸고 싶었다. '완벽해야 한다'가 아니라 '완벽하고 싶다'로 생각을 바꾸면 자신의 모든 것을 쏟아부을 수 있다. 이 점을 59세가 아닌 19세에 알게 돼서 다행이다. 해야만 하는 일을 하고 싶은 일로 바꾸는 것이 이렇게 중요하다.

　누구나 해야만 하는 일은 있다. 문제는 비율이다. 하고 싶은 일의 비중을 높이면 행복해질 수 있다. 그전에는 연주가 하나 끝나면 신문 평을 일일이 오려 놓았다. 하지만 이후로는 비평에 신경을 쓰지 않았다. 아주 친한 친구가 저녁 식사에 초대했을 때를 생각해보라. 생선이나 와인의 맛을 평가하지 않는다. 초대한 친구도 방문자가 할 말 때문에 긴장하지 않는다. 내 음악회도 마찬가지다. 난 음악을 좋아하는 사람을 초대한 집주인과 같다. 그들은 비판하러 오지 않는다. 이런 생각으로 이젠 무대를 즐길 수 있다. 삶은 평가받기 위한 것이 아니다.

첼리스트 요요마Yo-Yo Ma의 얘기다.

해야 한다: _____
하고 싶다: _____

행복과 불행

"행복한 사람은 좋아하는 게 많고 가슴에는 관심거리로 넘친다. 불행한 사람은 싫어하는 일 투성이고 가슴에는 근심이 넘친다."

서울대 심리학과 최인철 교수가 한 말이다.

행복은 철저히 주관적이다. 내가 왜 행복한지 설명하기 어렵다. 가슴 밑에서 올라오는 충만함을 어찌 말로 표현할 수 있는가? 언어의 한계를 느낀다. 지금 이 자체로 충분하다. 정말 행복하면 그걸 남에게 알릴 필요성을 느끼지 않는다. 거기까지 생각이 미치지도 않는다. 쓸데없는 곳에 시간과 에너지를 쓰고 싶지도 않다. 지금 이 순간을 만끽하고 싶을 뿐이다. 행복해 보이고 싶은 건 다르다. 행복해 보이기 위해서도 어느 정도는 행복해야 한다.

그런데 남들이 행복한 내 모습을 봐주었으면 좋겠다는 욕심이 크다. 나 혼자 행복한 걸로는 부족하다. 그래서 어떻게 하면 행복할까보다는 어떻게 하면 행복해 보일까에 신경을 많이 쓴다. 내가 행복해도 남들이 모르면 불행하다고 생각한다. SNS에 목숨 거는 사람 중 이런 사람들이 있다. 이해는 된다. 그럴 수도 있다. 하지만 진짜 행복한 건 남과는 전혀 상관이 없다. 내가 생각하는 행복의 최고 경지는 나 자신에게 만족하는 것이다. 남이야 알건 말건 내가 행복하면 그걸로 충분하다. 남에게 내 행복을 증명받으려 하지 않는 것이다. 무엇 때문에 행복까지 남에게 의존하는가?

행복: _____

불행: _____

행운과 세렌디피티

행운lucky은 별다른 노력을 하지 않았는데 하늘에서 뚝 떨어지는 것이다. 로또의 당첨 같은 것이다. 노력이 없다. 세렌디피티serendipity는 다르다. 뚜렷한 목적을 갖고 노력하고 행동할 때 찾아오는 것이다. 구글 창업자 세르게이 브린Sergey Brin은 구글의 성공 요인으로 운을 꼽는데 여기서 운은 행운이 아니라 세렌디피티다. 우리는 행운보다는 세렌디피티를 위해 노력해야 한다.

행운: _____

세렌디피티: _____

현명과 미련

현명은 처한 현실을 잘 파악하고 상황에 맞게 행동하는 것이다. 미련은 처한 현실을 모르고 엉뚱한 행동을 하는 것이다. 현명은 주제파악이다. 미련은 세상물정을 모르는 것이다.

KG그룹 곽재선 회장이 한 말이다.

현명: _____

미련: _____

현자, 강자, 부자

"현자는 모든 것에서 배우는 사람이다. 강자는 자기를 이기는 사람이다. 부자는 자기 운명에 만족하는 사람이다."

유대 경전에 나오는 말이다. 현자는 모든 사람과 모든 일에서 배우는 자세를 가진 사람이다. 누구에게서든지 어떤 사건에서든지 배우겠다는 겸손이 중요하다. 겸손한 사람만이 인생을 제대로 살 수 있다. 현자는 불행한 일에서도 무언가 값진 것을 배울 수 있다. 어리석은 사람은 '이 세상에 감히 누가 나를 가르칠 것인가?'라며 우쭐해하다 추락하는 사람이다.

강자는 자신을 이기는 사람이다. 자승자강自勝者强이란 말이 있다. 스스로 자自, 이길 승勝, 사람 자者, 강할 강强이다. 자신을 이기는 사람이 진정으로 강한 사람이라는 뜻이다. 다른 것을 이겨도 자신을 이겨내지 못하면 그의 인생은 실패다. 남을 이기기는 쉬워도 자신을 이기기는 어렵다. 욕망을 달성하는 것이 성공인 줄 알지만 욕망만 따르다 보면 결국 욕망의 노예가 된다. 자신을 이길 때 행복할 수 있다.

부자는 자신의 운명에 만족할 줄 아는 사람이다. 최선을 다하되 분수를 알고 주어진 여건에 자족할 줄 아는 사람이다.

현자: _____ _____
강자: _____
부자: _____

협동과 협업

　협동의 핵심은 자신의 이해를 충족시키는 것이다. 자신의 이익을 위해 서로 돕는 것이다. 문제는 자신에게 도움이 되지 않으면 돕지 않는 것이다. 협업은 다르다. 도움을 주고받는 자들 사이에 공동의 목표가 있다. 목표 실현을 위해 참여자 간 협업하는 것이다.

협동: _____

협업: _____

호평과 혹평

사람은 언제 발전할까? 부정적인 피드백을 받고 이를 발전의 계기로 삼을 때 발전한다. 반대로 좋다는 얘기만 들으면 발전하기 어렵다. 그런 면에서 호평보다는 기꺼이 혹평에 대해 귀를 열어야 한다. 유명해지는 것도 그렇다. 호평보다는 혹평이 나를 알리기에는 더 유리하다. 노이즈 마케팅이 바로 그것이다.

호평: _____

혹평: _____

화가 나는 것과 화를 내는 것

    화가 나는 것은 감정이고 화를 내는 것은 행동이다. 화가 나는 감정은 어떻게 할 수 없지만 그 화를 행동으로 옮길 것인지, 아닐지는 선택할 수 있다.

화가 나는 것: _____
화를 내는 것: _____

확신, 의문, 의심

세상에서 가장 믿지 못할 것은 자기기억과 자기확신이다. 도대체 그 확신의 근거는 무엇인가? 언제부터 자기 생각을 그렇게 확신하게 되었는가? 자기 생각이 틀릴 수도 있다는 생각을 해본 적은 있는가? 확신의 이유는 바로 무지다. 아무것도 모르는 것이 확신의 가장 큰 원인이란 것이다. 모르기 때문에 알량한 거 하나를 전체로 생각해 목숨보다 소중하게 믿는 것이다.

보라! 무지에 넘칠수록 사람들은 확신으로 가득 차 소리를 지른다. 세상이 혼란스런 이유는 어리석은 사람들은 확신에 차 있는 반면 그렇지 않은 사람들은 의문으로 가득 차 있기 때문이다. 지혜는 확신의 문을 닫고 의문의 문을 여는 것이다. 지혜의 시작은 의심이다. 내 생각이 틀릴 수도 있다는 의심을 하면서 동시에 다른 사람이 옳을 수도 있다는 생각을 하기 시작하는 것이다.

"개념이 중요한데 개념은 자꾸 변한다. 설계과정에서 계속 변한다. 나는 내 생각에 확신이 없다. 생각은 하나가 아니라 여러 색의 실타래 같고 건축은 그 실로 짠 옷감이다. 한 사람보다는 여러 사람의 생각이 섞이면 더 풍부해진다. 의심은 아름답다. 내가 가장 경계하는 사람은 확신에 차 있는 사람이다. 진실한 교인과 이야기를 나눠보면 인간 세상에 대한 의심이 신앙의 근본이라고 한다. 확신에 차면 생각할 필요가 없다."

연세대학교 건축공학과 최문규 교수가 한 말이다.

확신: _____
의문: _____
의심: _____

황제 망치기와 아이 망치기

중국에서 환관의 피해는 말로 다할 수 없었다. 환관 구사량은 심복 환관에게 황제 조정 방법을 다음과 같이 알렸다.

"한가한 시간을 가질 수 없도록 하라. 늘 분주하게 만들어야 한다. 황제가 항상 사치와 새로운 것에 대한 호기심에 사로잡히도록 이목을 집중시켜라. 매일 새로운 것을 고안해 황제의 호기심을 자극하라. 다른 것을 생각할 수 없도록 하라. 황제가 독서를 하거나 유자들과 어울려 전대의 역사에 대해 논하는 일이 없도록 주의하라. 황제가 전대의 흥망에 대해 알고 현재를 근심하면 위험하다."

이는 아이들 교육에도 정확하게 적용될 수 있다. 학원을 뺑뺑이 돌리면서 생각할 수 없도록 하라. 절대 책을 읽게 하지 마라. 책을 읽고 이를 다른 애들과 토론하는 일을 못 하게 하라. 현재 여러분은 어떤가?

황제 망치기: _____
아이 망치기: _____

회계와 주가

테슬라의 시가총액이 현대차의 시가총액을 뛰어넘는다는 말에 사람들은 놀란다. 적자 투성이 회사가 어떻게 몇조 원 이익을 내는 회사보다 시가총액이 높을까? 보는 시각이 다르기 때문이다. 회계는 현재를 나타내고 주가는 미래를 보여준다. 주가가 낮다는 건 투자자들 눈에 그 회사 비전이 떨어진다는 것을 보여주는 지표다.

회계:
주가:

회자와 구설수

회자膾炙와 구설수口舌數는 둘 다 사람 입에 오르내리는 것이지만 다르다. 한자를 보면 명확하다. 회자는 광어회 같은 먹는 회에 고기 구울 자다. 가장 맛있는 음식이다. 당연히 나쁜 얘기보다는 좋은 얘기일 가능성이 크다. 구설수는 좋지 않다. 그는 이상한 일에 연루되어 구설수에 올랐다는 표현이 자연스럽다.

회자: _____
구설수: _____

후행지표와 선행지표

후행지표는 바라는 결과이고 선행지표는 후행지표를 성취하기 위한 구체적 실천사항이다. 안전을 위한 후행지표는 차량사고율, 심각한 안전사고, 직원 부상건수 등이다. 선행지표는 아차사고 관리, 안전운전 코칭, 차량 내 안전운전 모니터 시스템 등이다. 대부분 조직은 후행지표만 강조하고 선행지표를 보지 않는다. 후행지표만 갖고 직원을 못살게 군다. 아웃풋을 보기 전에 인풋을 봐야 한다.

후행지표:
선행지표:

후회와 참회

"후회와 자책은 반성이 아니다. 후회와 자책은 '내가 잘났다'는 것을 움켜쥐고 있기 때문에 하는 것이다. '나처럼 잘난 인간이 어떻게 바보처럼 그랬을까?' 이게 후회다. 그때 그런 수준이 나란 걸 인정하고 받아들여야 한다. 부모가 죽으면 불효자가 더 많이 울고 후회한다. 후회는 참회가 아니다. 마음속에 잘난 내가 있기 때문에 후회를 하는 것이다. 남을 용서 못 하는 게 미움이라면 자기를 용서 못 하는 게 후회다. 후회는 반성이 아니다. 후회는 또 다른 집착이다. 정말 반성했다면 '아, 그때의 나도 내 모습이고 내가 잘못했구나.' 하고 깨달아야 한다. 다시는 그런 어리석음을 저지르지 말자고 다짐하는 것이 진정한 참회다."

법륜 스님이 한 말이다.

후회: _____
참회: _____

희망퇴직과 명예퇴직

희망퇴직은 인건비를 줄이기 위해 인위적으로 직원을 내보내는 수단 중 하나다. 급여가 높은 시니어가 나가는 것이 목표인데 결과는 완전 반대다. 나가야 할 시니어 대신 나가지 않았으면 하는 주니어들이 주로 나간다. 시니어는 나가봐야 다른 희망을 찾을 수 없기 때문에 신청을 하지 않고 주니어는 목돈도 받고 새로운 직업의 희망도 찾을 수 있기 때문에 너도나도 신청을 한다.

그런데 왜 희망퇴직일까? 이 돈을 받고 다른 곳에서 새로운 희망을 찾으라는 말 아닐까? 자발성이 높은 희망퇴직과 달리 명예퇴직은 자발성이 낮다. 자신은 더 다니고 싶은데 위에서 그만 다니고 명예롭게 후배를 위해 용단을 내리라고 강요한다. 전혀 명예롭지 않다. 명예퇴직을 명예롭게 생각하는 사람을 본 적이 없다.

희망퇴직: _____
명예퇴직: _____

힘내와 힘 빼

뭔가 힘든 일이 생겼을 때 "힘내."라는 말을 많이 한다. 그런데 힘을 내고 싶다고 낼 수 있을까? 힘을 낸다는 게 무슨 뜻일까? 말하는 입장에서는 선의에서 한 말이지만 효용성에는 의문이 생긴다. 힘은 의도적으로 낼 수 있는 게 아니라 나도 모르게 나는 것이다. 컨디션이 좋을 때, 목적이 분명해질 때, 새로운 의미를 발견할 때 저절로 나는 것이다.

이 말보다는 이 일로 얻는 것이 없을까 같은 질문이 어떨까 싶다. "힘내."라는 말보다는 "집중해라." "쓸데없는 일 하지 말고 해야 할 일을 확실히 하라." 같은 말이 나을 것 같다. 사실 힘을 내는 것보다 힘든 건 힘을 빼는 것이다. 쓸데없이 어깨에 힘을 주지 말라는 것이다. 힘을 주면 어깨가 뭉치면서 오히려 잘하던 일도 망치기 쉽다. 힘을 내는 것보다 힘을 빼는 것이 훨씬 힘들다. 만약 둘을 마음대로 조절할 수 있다면 그는 일정 경지에 오른 사람일 것이다.

힘내: _____

힘 빼: _____

힘든 것과 괴로운 것

1.

운동은 힘들다. 하지만 괴롭지는 않다. 운동할 때는 힘들지만 운동 후에는 큰 즐거움이 밀려온다. 가만히 있는 것은 힘들지 않다. 편안하다. 하지만 계속 편안하면 몸이 망가지고 병이 생긴다. 이후는 괴로움의 연속이다.

공부도 그렇다. 공부는 힘들다. 힘들어야 공부가 된다. 공부하면 세상 보는 눈이 달라진다. 다양한 각도에서 세상을 읽을 수 있다. 엉뚱한 짓을 하지 않게 된다. 이상한 사람과 엮이지 않고 이상한 일도 하지 않는다.

2.

세상엔 힘든 일이 참 많다. 책을 읽는 일도 힘들고 운동하는 것도 힘이 든다. 심지어 그렇게 예쁜 손자랑 노는 일도 참 힘들다. 한 시간만 같이 놀아줘도 온몸에 힘이 빠진다. 세상에 가장 사랑스럽고 예쁜 손자를 보는 일이 이렇게 힘든지 몰랐다. 그런데 괴롭지는 않다. 힘은 드는데 괴롭지는 않다.

힘든 것과 괴로운 것을 축으로 세상 일을 넷으로 나눌 수 있다. 힘들고 괴로운 것, 힘들고 괴롭지 않은 것, 힘은 안 드는데 괴로운 것, 힘도 안 들고 괴롭지도 않은 것이다. 게으름을 피우는 건 힘은 안 들지만 괴로운 일이다. 뭔가 가치 있는 일을 하는 건 대부분 힘들지만 괴롭지는 않다. 하기 싫은 일을 하는 건 힘도 들고 괴로울 것이다. 힘도 안 들고 괴롭지도 않은 일? 정말 좋아하는 일을 하면 그게 가능할 것 같다.

힘든 것: _____
괴로운 것: _____

애매한 걸 정리해주는 사전

초판 1쇄 인쇄 2022년 5월 23일
초판 1쇄 발행 2022년 5월 30일

지은이 한근태
펴낸이 안현주

기획 류재운 **편집** 안선영 **마케팅** 안현영
디자인 표지 최승협 본문 장덕종

펴낸곳 클라우드나인 **출판등록** 2013년 12월 12일(제2013-101호)
주소 우) 03993 서울시 마포구 월드컵북로 4길 82(동교동) 신흥빌딩 3층
전화 02-332-8939 **팩스** 02-6008-8938
이메일 c9book@naver.com

값 23,000원
ISBN 979-11-91334-75-3 03320

* 잘못 만들어진 책은 구입하신 곳에서 교환해드립니다.
* 이 책의 전부 또는 일부 내용을 재사용하려면 사전에 저작권자와 클라우드나인의 동의를 받아야 합니다.
* 클라우드나인에서는 독자 여러분의 원고를 기다리고 있습니다.
  출간을 원하시는 분은 원고를 bookmuseum@naver.com으로 보내주세요.
* 클라우드나인은 구름 중 가장 높은 구름인 9번 구름을 뜻합니다. 새들이 깃털로 하늘을 나는 것처럼 인간은 깃펜으로 쓴 글자에 의해 천상에 오를 것입니다.